Norbert Golluch

Was LEHRER wissen sollten

NORBERT GOLLUCH

Was LEHRER wissen sollten

Interessante Fakten,
die nicht im Lehrplan stehen

YES

Originalausgabe
1. Auflage 2022

Türkenstr. 89, 80799 München
info@yes-publishing.de

Umschlaggestaltung: Ivan Kurylenko (hortasar covers)
Layout und Satz: Müjde Puzziferri, MP Medien, München
Druck: BoD, Norderstedt
Printed in Germany

ISBN Print 978-3-96905-127-6
ISBN (ePUB, Mobi) 978-3-96905-128-3
ISBN (PDF) 978-3-96905-129-0

INHALT

SECHS STUNDEN UNTERRICHT …

… danach noch eine Lehrerkonferenz, Sie sind völlig fertig? Ja, der Lehrerberuf geht an die Substanz. Deshalb hier ein Vorschlag zur Regeneration: Nehmen Sie dieses Buch und schleppen Sie sich mit letzter Kraft zu Ihrem Sofa. Dann einfach aufschlagen und lesen. Seite für Seite. Sie werden sehen, dieses Werk füllt nicht nur völlig unerwartetes Wissen in Ihr strapaziertes Gehirn, sondern es entspannt Sie auf ungeahnte Weise und macht Sie bereit für den Klassenkampf am nächsten Tag. Oder Sie schlafen nach der dritten Seite ein. Auch gut. So – oder so – sollte gute pädagogische Literatur funktionieren.

WISSEN DER EXTRAKLASSE – WECKT DEN MÜDESTEN SCHÜLER

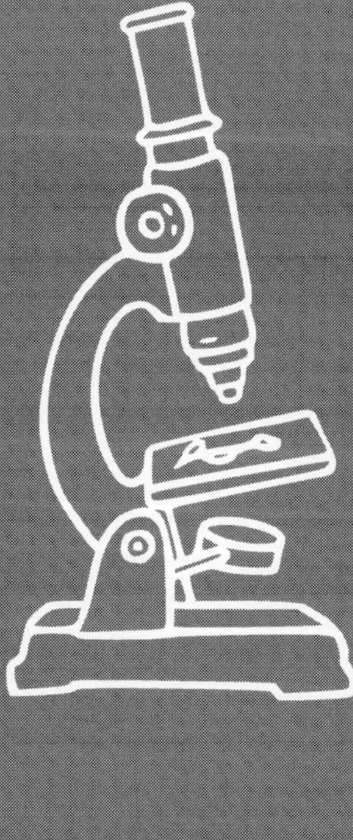

Auf diesen Seiten finden sich ganz besondere Informationen, für die ein Lehrer in den endlosen Weiten seiner Unterrichtsplanung sicher noch Verwendung finden kann. Erwarten Sie keine hochkarätige Wissenschaft und schon gar nichts Systematisches, dieses Werk bietet unterhaltende Bagatellen, zu Unrecht vergessene Fakten, intellektuelle Flohmarktfunde und recycelte Wissenwertstoffe, also genau jene Substanzen, die der Pädagoge braucht, um ein gelangweiltes Schülergehirn wach zu halten oder wieder aufzuwecken.

ZEITGEIST-SPRECH – SO REDEN INTELLEKTUELLE HEUTE

Sie atmen zwar dieselbe Luft wie der Durchschnittsbürger, doch im Gedankengehäuse eines Pädagogen kocht und brodelt es auf ganz besondere Weise, besonders dann, wenn er Gymnasiallehrer ist und sich und seinen Kollegen jeden Tag aufs Neue beweisen muss, dass er an der vordersten Front des intellektuellen Diskurses verortet ist. Sagen Sie stets die richtigen Buzzwords und Schüler, Lehrerkollegen und Eltern ordnen Sie sofort in das Umfeld gehobener geistiger Aktivität ein, in dem Sie angesiedelt sein möchten.

Diskurs – vermutlich der Diskurstheorie von Jürgen Habermas entsprungen und nun schickt sich dieser Begriff an, alle Sprachbiotope zu erobern; lateinisch *discursus*, »umherlaufen«; ursprünglich noch in der Bedeutung dialogisches

Gespräch verwendet, ist es heute eine perfekte intellektuelle Imponierfloskel, wird meist anstelle von Zusammenhang, Themengebiet oder öffentliche Diskussion gebraucht, um einfache Menschen ohne Universitätsabschluss zu beeindrucken.

Paradigma – griechisch für Beispiel, Vorbild, Muster; mit dem schönen, aber nahezu unbekannten Plural Paradigmata (auch Paradigmen); Sprachliebling deutscher Soziologen und Philosophen, wobei das Paradigma zumeist im allgegenwärtigen Paradigmenwechsel verwendet wird – Lehrers Liebling für den Pädagogenstammtisch.

Performance – a) Kunstaktion, Nachfolgerin des Happenings, Beispiel: Jemand füllt im Vorhof des Kunstmuseums im Beisein des Kultursenators mit einem Trichter Bullensamen (oder jugendfreier: Erdbeermarmelade) in Gummihandschuhe und verkauft das Stück als Kunstobjekt (»Cosmic Udder«) für 2000 Euro. b) Denglisches Synonym für Leistung: Er-sie-es bringt mehr Performance oder zeigt bessere Performance. Ein Muss für jeden modernen Pädagogen, besonders für Kunsterzieher.

Poetry-Slam – neue Form des Vortrags von Dichtung als Mischung aus Lesung und sportlichem Wettbewerb; *to slam* bedeutet hart anpacken, zuschlagen, zuknallen (z. B. die Tür) und in der Wendung *to slam somebody* hat knallen sogar sexuelle Bedeutung. Was also wird der Dichtung angetan beim Poetry-Slam? Das Nomen *slam* bedeutet glücklicherweise auch harte Kritik, und die übt das Publikum. Das deutsche Wort für diese Art Wettstreit fehlt noch – Poesieknallen? Dichtungsschlägerei? Jeder fortschrittliche Germanist sollte ein Fan dieser Kunstform sein.

- **Morologie** ist die Wissenschaft von der Dummheit. Eigentlich sollte jeder Lehrer zumindest einige Semester Morologie studieren.

DAS VOKABULAR DER ÄNGSTE

Sensibel, wie Lehrer nun mal sein müssen, kommt es im zwischenmenschlichen Miteinander darauf an, immer den richtigen Begriff verfügbar zu haben, um die Befindlichkeit eines Mitmenschen zu beschreiben, besonders, wenn es um ganz persönliche Ängste geht. Hier nur eine Auswahl der skurrilsten.

- Unter dem Begriff **Scholionophobie** sind verschiedene Schulängste gebündelt.
- **Didaskaleinophobie** ist die Angst davor, zur Schule zu gehen. Sie befällt sowohl Schüler als auch Lehrer bis hin zum Schuldirektor.
- **Anthropophobie** ist die Angst vor Menschen und der Gesellschaft.
- Wer Angst hat, sich zu bücken, leidet möglicherweise an **Kyphophobie**.
- Wer nicht berührt werden mag, hat womöglich eine **Aphephosmophobie.**
- **Athlemophobie**, die krankhafte Angst vor Sport, kann bei

entsprechend motivierten Schülern zu einigen Freistunden führen.

- **Autophobie,** die Angst, auf sich allein gestellt zu sein, überkommt Schüler dann, wenn sie während eines Tests nicht die Hilfe eines Nachbarn in Anspruch nehmen können.
- Die Angst vor Chemikalien oder Chemie im Allgemeinen, **Chemophobie,** ist für Chemielehrer ausgesprochen lästig.
- An **Triskaidekaphobie** leidet jemand, der glaubt, dass die 13 Unglück bringt.
- Der Begriff **Paraskavedekatriaphobie** benennt die Angst vor Freitag, dem 13.
- Wer unter **Paruresis** leidet, ist nicht in der Lage, auf öffentlichen Toiletten zu pinkeln.
- **Rhytiphobie** bezeichnet die Angst, Falten zu bekommen.
- Eine relativ alltägliche Angst ist die vor Technik, genannt **Technophobie.**
- **Erythrophobie,** die Angst zu erröten, tritt bei spät pubertierenden Junglehrern in Gegenwart von Schülerinnen auf.
- **Medecophobie** ist die männliche Angst davor, dass eine Erektion an der Ausbeulung der Hose erkennbar wird, zum Beispiel bei einem Referendar während einer Lehrprobe.
- Die Angst vor Löchern trägt den wissenschaftlichen Namen **Trypophobie.**
- Die krankhafte Angst vor Pflanzen nennt sich **Bathonophobie.** Schüler im Fach Biologie sind davon meistens nicht betroffen – sie bekommen während ihrer Schulpraxis allenfalls Mitochondrien, aber keine Pflanzen zu sehen.

- **Ostraconophobie** nennt sich die Angst vor Schalentieren. Hummer wird nur selten auf dem Speisezettel stehen.
- **Ergophobie,** die Angst vor Arbeit oder davor, arbeiten zu müssen, ist unter Schülern und Lehrern etwa im gleichen Maße vorhanden.
- Wer Angst hat, ausgelacht zu werden, stellt vielleicht einen Fall von **Gelotophobie** dar.
- **Gerontophobie,** die Angst vor alten Menschen, befällt Schüler in Instituten mit überaltertem Lehrkörper.
- Wenn man Angst vor dem Besuch eines Gymnasiums hat, ist das keine **Gymnophobie.** Gymnophobiker fürchten sich nämlich vor der eigenen oder fremden Nacktheit.
- Lehrer, die allzu intensiven Kontakt zu ihren Schülern suchen, verursachen möglicherweise eine **Halitophobie,** die Angst vor Mundgeruch.
- Zu den Standardängsten im Schulbereich zählt die **Kakorrhaphiaphobie,** die Angst vor dem eigenen Versagen, und zwar sowohl aufseiten der Schüler als auch der Junglehrer.
- Motorisch besonders hoch getaktete Schüler fürchten sich vor dem Stillsitzen, das bei einer **Kathisophobie** Probleme bereitet.
- Wenn es darum geht, vor dem Klassenverband ein Referat zu halten, tritt beim Referenten oft **Logophobie** auf, die Angst vor dem Sprechen.
- Nur wenige Jahrzehnte alt, aber weitverbreitet ist die **Nomophobie,** die krankhafte Angst, ohne Mobilfunkempfang zu sein.

JUGENDSPRACHE FÜR PÄDAGOGEN

Hier stehen wir vor einem vielschichtigen Problem: Eigentlich sollten Sie als jugendnaher Mensch die meisten der Begriffe in der folgenden Aufzählung kennen. Die Sache hat nur einen Haken: Schüler können das Sprachniveau des Unterrichts und des alltäglichen Umgangs miteinander umso besser unterscheiden, je weiter sie es im Bildungsgrad geschafft haben. Von dieser Diskrepanz profitieren jedes Jahr wieder die Wörterbücher und Lexika der Jugendsprache, auch wenn für vieles darin die Fantasie des Lektorats als Quelle vermutet wird. Deshalb könnte es sein, dass Sie das eine oder andere Jugendwort noch nie gehört haben.

Man sollte nicht vergessen, dass manche unserer alltäglich gebrauchten Wörter ihre Herkunft in jugendlicher Kreativität haben oder hatten. Manches klingt nach Jahrzehnten noch jung und frisch, anderes wirkt schon morgen wie von gestern …

- **Ahnma!** – Versuche, es zu verstehen!
- **Arschfax** – in die Jahre gekommene Jugendsprache; auch: Du hast ein Fax bekommen! Einfallsreiche Bezeichnung für ein Markenschild, das hinten aus einer Hose hängt.
- **Asi-Schale** – der Imbissbuden-Kreativität entstammender Ausdruck; in Gebrauch für unterschiedliche Nahrungsmittel; meist ist eine Schale Pommes frites rot-weiß gemeint.
- **Auf dein Nacken!** – auf deine Rechnung, auf deine Kosten.
- **Babo** – der Boss, der Chef oder Anführer.
- **Brauereitumor** – nicht etwa eine Geschwulst bei Hopfenkrebs, schlicht und einfach ein Bierbauch.

- **Burner** – bereits in den *Duden* und ins Vokabular der Geissens eingegangener Begriff aus der Jugendsprache; etwas ist voll der Burner, wenn es sich ohne die Einnahme von Drogen oder den Konsum bewusstseinserweiternder Fernsehsendungen nicht mehr steigern lässt.
- **Cool** – eines von zwei Restadjektiven der (frühen) Jugendsprache dieses Landes; es gab Zeiten, da benötigte man in gewissen Kreisen keine weiteren Adjektive. Wenn etwas nicht cool war, war es eben komplett uncool. So einfach kann Sprache sein! Da fällt mir ein: Was ist eigentlich aus »geil« geworden? Das kam doch noch vor cool – fast vergessen? Nein, nur etwas abgegriffen.
- **Das burnt** = Es erzeugt ein Gefühl.
- **Das rult** = Das finden sicher alle gut, also auch ich.
- **Dissen** – Wort aus der Jugendsprache, das eine ganze Menge weitaus aussagestärkere deutsche Worte diskriminiert: jemanden schlechtmachen, schräg anmachen, respektlos behandeln oder schmähen.
- **Downmucke** – der jugendliche Sprachverbrecher kennt keine Moral; zuerst wird das schöne Wort Musik abgemurkst und zur bäuerlich-dumpfen Mucke umgefummelt. Und dann wird vorne noch ein *down* drangepappt, das für Melancholie, Depression stehen soll. Stimmt, da kann man schon depressiv werden.
- **Ehrenmann/Ehrenfrau** – Bezeichnung für jemanden, der sich vorbildlich verhält.
- **Fermentieren** – kontrolliertes Gammeln.

- **Fernschimmeln** – nicht am gewohnten Platz chillen.
- **Gammelfleischparty** – Ü-30-Partys.
- **Guttenbergen** – das Kopieren und rücksichtslose Zitieren von Informationen.
- **Hirn-Spar-Abo** – treffende jugendsprachliche Bezeichnung der Befindlichkeit von Menschen mit geringer Nutzung ihres eigenen Denkapparates.
- **Honk** – Abkürzung: Hauptschüler ohne nennenswerte Kenntnisse.
- **Lauch** – Trottel, Vollpfosten, dämlicher Typ.
- **Läuft bei dir** – cool, krass, du hast es drauf.
- **Lindnern** – man tut etwas lieber gar nicht als schlecht; könnte mit Christian Lindner zusammenhängen.
- **Lit** – sehr cool.
- **Maurerdekolleté** – die Pofalte des aktiven Handwerkers, wenn dieser zu kurze Hosen trägt, auch bekannt als Maurerbrötchen.
- **Mehrfachtwen** – neudeutsch für Opa oder Oma.
- **Merkules** – Mischung aus Angela Merkel und dem griechischen Helden Herkules; Name eines Rappers und wohl allgemein eine Bezeichnung für einen Kraftmenschen, der schier unlösbare Aufgaben bewältigt.
- **Münzmalle** – treffende jugendsprachliche Bezeichnung für ein Sonnenstudio; auch Asi-Toaster genannt.
- **Nicenstein** – perfekt.
- **Schatzlos** – single, ohne Partner.
- **Sheeesh!** – Bedeutet so viel wie »Wirklich? Echt jetzt?«.

- **Sozial tot** – nicht in den sozialen Netzwerken aktiv.
- **Tacken** – auf dem Klo Texte ins Smartphone tippen, Mischung aus texten und kacken.
- **Teilzeittarzan** – jemand, der sich gelegentlich wie ein Affe verhält.
- **Tinderjährig** – alt genug, um die App Tinder zu benutzen.
- **Trumpeten** – leere Versprechungen machen (abgeleitet von Donald Trump).
- **Yo** = He, du da!
- **Yolo** – you only live once.

BEAMTENDEUTSCH UND BÜROKRATENSPRACHE

Es gibt Angestellte und beamtete Lehrer – gleichgültig, zu welcher Gruppe Sie gehören: Mit der Bürokratie haben Sie in Ihrem Beruf ständig zu tun, auch wenn es nur die Schulverwaltung ist. Dort sitzen viele Beamte, die sich womöglich denken: Warum sollte der Staatsdiener die Sprache des gewöhnlichen Bürgers benutzen? Schließlich bezieht man keine Rente, sondern eine Pension, und ein bisschen Obrigkeit muss auch in einem demokratischen Staat sein, selbst wenn sie nur sprachlicher Natur ist. Lernen Sie also Bürokratisch, die Sprache der Beamten, und das von der Pike auf.

- **Beelterung** – die Vermittlung einer Pflegefamilie.
- **Beischlafdiebstahl** – Rotlichtvergehen; kommerzieller Sex, ohne zu bezahlen.

- **Beitragsanpassung** – Verschleierungsbegriff der Extraklasse. Na, was kann es schon heißen? Schon mal von einem Beitrag gehört, der gesunken ist? Beitragserhöhung natürlich!
- **Besatzmaßnahme** – wenn der deutsche Angler Jungfische in seinen Fluss einsetzt, damit er sie ein paar Jahre später wieder herausfischen und in die Pfanne hauen kann, wird dieses Tun so benannt. Überhaupt lieben Deutsche Maßnahmen in jeder Form.
- **Beschulen** – ein Kind unterrichten.
- **Bestallung** – Vormundschaft.
- **Bezüglich** – schlimmstes Beamtendeutsch für das einfache Wort »wegen«.
- **Diätenanpassung** – der verschleiernde Standardbegriff deutscher Parlamentarier für eine Erhöhung ihrer Bezüge.
- **Einlegen, Widerspruch** – außer Heringen legt der Deutsche besonders gern Widerspruch ein.
- **Entrichten** – Beamtenbegriff für das kalte Wörtchen »zahlen«, beides läuft im Endeffekt auf dasselbe hinaus.
- **Erledigung** – Prachtstück aus der Abteilung Substantivierungszwang; die Aufschrift »mit Bitte um Erledigung« auf einem Schriftstück führt in der Regel dazu, dass dieses als unangenehm empfunden und sofort entsorgt wird.
- **Fahrtrichtungsanzeiger** – Blinker.
- **Förderzeitraum** – Beamtendeutsch für die Zeit, in der die Subventionen prächtig sprudeln; eine ausreichende Entscheidungshilfe sichert einen langen Förderzeitraum.

- **Forstwirtschaftliche Nutzfläche mit Wildtierbestand** – Wald.
- **Glaubhaftmachung** – Beamtendeutsch der Spitzenklasse; gefordert wird zum z. B. Glaubhaftmachung der Rückkehrbereitschaft. Da der Delinquent keine Chance hat, die beiden Bandwurmwörter zu verstehen, wird er erst recht keine Möglichkeit finden, irgendetwas glaubhaft zu machen.
- **Großtiereinheit, Milch gebende** – amtliche DDR-Schwachsinnsbezeichnung für »Kuh«. Dann gab es in Honnis Deutschland noch die Rauhfutter verzehrende Großtiereinheit. Wer nun denkt, mit dem Ende der DDR ruhte auch dieses sprachlich gequälte Vieh in Frieden, der irrt: In der *Gebührensatzung des Zweckverbandes Tierkörperbeseitigung Nordbayern* und anderen, ähnlichen Druckwerken lebt sie weiter.
- **Inangriffnahme** – amtliche Sprachabsonderung; umständlicher kann man »Beginn« oder »Anfang« nicht umschreiben. Besonders große Schulprojekte beginnen mit der Inangriffnahme, geraten dann aber oft ins Stocken.
- **Jahresendzeitfigur, geflügelte** – erhaltenswerte Vokabel des Behördenwortschatzes der DDR, formuliert wohl in der Absicht, das in den Augen der Arbeiterklasse politisch inkorrekte, weil religiöse Wort »Engel« zu vermeiden. Aus ähnlichen Gründen hießen wohl Schoko-Weihnachtsmänner schlicht Schokoladenhohlkörper, was den Vorteil hatte, dass der sozialistische Betrieb auch gleich Osterhasen daraus machen konnte.

- **Kenntlichmachung** – Behördenschwachsinnsmonster, gezeugt von Beamten mit »ausreichend« in Deutsch, die das Wort »Kennzeichnung« nicht kennen.
- **Lautraum** – Diskothek.
- **Lichtzeichenanlage** – eine simple Ampel.
- **Maßnahme** – keiner macht wirklich was, stattdessen beschließt man eine Maßnahme; deutsche Beamte lieben Maßnahmen.
- **Mobile ethnische Einheiten** – Sinti, Roma, fahrendes Volk.
- **Mühewaltung** – Beamtenquatsch; man dankt für die Mühewaltung, z. B. einen Antrag offiziell in Augenschein genommen zu haben. Mühe täte es auch.
- **Postwertzeichen** – Briefmarke.
- **Radfernstraße** – ökologisch motiviertes Sprachwahngebilde, entstanden aus der Illusion, irgendwer würde im alltäglichen Verkehr Distanzen von über 30 Kilometer freiwillig mit dem Fahrrad zurücklegen wollen.
- **Rechtsbehelfsbelehrung** – juristisch scheint es Muss auf amtlichen Formularen; man könnte auch einfach »Ihre Rechte als Bürger« schreiben.
- **Unbefugt** – Warum die Deutschen ein ansonsten fast ausgestorbenes Wort ständig auf Schilder schreiben (Unbefugten ist das Betreten des Grundstückes verboten!), wird auf immer ein Rätsel bleiben. Im Alltag begegnet man in ganz Deutschland nur selten jemandem, der sich selbst als befugt bezeichnet, und schon gar keinem Unbefugten.
- **Unterschutzstellung** – amtliche Tat im Tier- oder Pflanzen-

schutz; schon das Wort allein kann ganze Gattungen ausrotten; außerdem arbeiten Naturschutzbehörden, die ein solches Wort verwenden, so langsam, dass sich unser Planet beim Abschluss der geplanten Maßnahme bereits wieder in einem neuen Erdzeitalter befindet.

- **Versagung** – Ablehnung.

GEBALLTES WISSEN AUS ALLEN FÄCHERN

Nicht einmal Universalgenies werden jeden Bereich ihres Wissens gleich bewerten, und ein jeder von Ihnen wird während seiner Schulkarriere das eine oder andere Lieblingsfach geschätzt und vielleicht später auch studiert haben.

Die Vorlieben der Lehrer

- Sprach- und Kulturwissenschaften sind bei Lehramtsstudenten am beliebtesten. Circa 60 Prozent entschließen sich für ein Studium in diesem Bereich.
- Die MINT-Fächer, also Mathematik, Informatik, Naturwissenschaften und Technik, liegen mit 22 Prozent deutlich dahinter.
- Für den Sport als Hauptfach entscheiden sich 6 Prozent.

Die Lieblingsfächer der Schüler

In einer Befragung aus dem Jahr 2008 mit 681 Kindern zwischen sechs und zwölf Jahren stellt sich folgendes Bild dar:

- Für Jungen steht der Sportunterricht mit 41,2 Prozent unangefochten auf Platz eins. 17,1 Prozent der Mädchen favorisieren den Kunstunterricht, dicht gefolgt von Deutsch auf Platz zwei mit 16,8 Prozent. Zu den unbeliebtesten Fächern zählt Religion beziehungsweise Ethik. Nur für 0,6 Prozent der Jungen und Mädchen ist sie ein Lieblingsfach.

Wenn auch die Fächer unterschiedlich bewertet werden – an einer Sache im Zusammenhang mit Schule sind viele Schüler brennend interessiert: am Lehrerberuf.

- Fast ein Drittel aller Schüler gab in einer Befragung an, später einmal Lehrer werden zu wollen. Mittelmäßige Schüler interessieren sich häufiger für den Lehrerberuf. Fast die Hälfte aller Schüler mit einer Abiturnote schlechter als 2,0 gab an, sich für den Beruf zu interessieren. Bei Schülern mit einem Abitur zwischen 1,0 und 2,0 waren es nur 38,1 Prozent.

Welcher Lernstoff?

Zwei von drei Deutschen sind der Meinung, Schulen sollten statt auf reines Fachwissen mehr Wert auf die persönliche Entwicklung der Schülerinnen und Schüler legen. In diesem Sinne vertreten 66 Prozent die Ansicht, dass in der Schule zu viel »unnützes Wissen« vermittelt wird. Der häufigste Vorwurf von Schülern an Pädagogen lautet: Laangweilig!

Allgemeinwissen

Das längste Wort im aktuellen Duden hat 36 Buchstaben: Kraftfahrzeug-Haftpflichtversicherung. Sind Sie nicht auch der Meinung, dass jeder Lehrer und jeder Schüler das wissen muss?

- Ursprünglich startete Googles bekannte Suchmaschine unter dem Namen »BackRub«. Erst im Jahr 1998 erhielt sie ihren heutigen Namen. »Googeln« schaffte es 2004 in den *Duden* und gehört inzwischen zum Wortschatz des Goethe-Zertifikats B1.
- Die erste McDonald's-Filiale in der DDR wurde im Sommer 1990 (!) im sächsischen Plauen eröffnet.
- Der Name Cambozola bezeichnet eine Käsesorte, die eine Mischung aus **Cam**embert und Gorgon**zola** ist. Man hätte ihn auch Gorgobert nennen können.
- Der Name der Schokolade Milka setzt sich aus **Mil**ch und **Ka**kao zusammen.
- Das Wort Curry stammt vom tamilischen Wort *kari* ab, das so viel wie Sauce bedeutet.
- Lego stellt pro Jahr 500 Millionen Reifen her. Damit gehört das Unternehmen zu den größten Reifen-Herstellern der Welt.
- Wer in Deutschland eine Atomexplosion auslöst, muss mit einer Geldstrafe oder fünf Jahren Gefängnis rechnen.

Biologie, menschlich

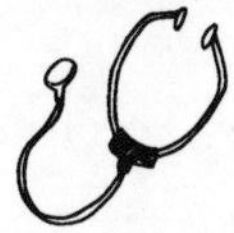

Ist es nicht zum Heulen, wie wenig unsere Schüler über die menschliche Biologie wissen? Übrigens wiegt eine menschliche Träne ungefähr 15 Milligramm. Während eines rührseligen Films gehen schon einmal mehrere Gramm Tränenflüssigkeit verloren. Im Laufe seines Lebens weint ein Mensch ungefähr eine Badewanne voll. So etwas muss man wissen – und auch die folgenden Fakten sollten nicht mehr vergessen werden.

- Babys kommen ohne feste **Kniescheiben** zur Welt.
- **Das menschliche Auge** kann etwa 7 000 000 verschiedene Farbnuancen unterscheiden.
- Berücksichtigt man das Wachstum jedes einzelnen der 100 000 **Haare** auf dem Kopf, produziert der menschliche Körper täglich etwa 30 Meter Haar, im Monat also etwa 900 Meter.
- **Der Bart eines Mannes** wächst am schnellsten, wenn er damit rechnen kann, Sex zu bekommen.
- Ein Durchschnittsmann, der sich glatt rasiert, entfernt sich im Laufe seines Lebens etwa 3,5 Kilo **Barthaare**.
- Ein Mensch verliert in seinem Leben im Durchschnitt ca. 20 Kilogramm **Hautschuppen**.
- Der menschliche Körper enthält genug **Kohlenstoff**, um daraus Grafit für acht Bleistifte herzustellen.
- **Die durchschnittliche Nasenlänge** einer europäischen Frau beträgt 5,1 Zentimeter.
- Gleichgültig, wie lang die Nase ist: Es ist unmöglich, mit

zugehaltener Nase länger als drei Sekunden »Mhhhh!« zu sagen.

- **Die Geschmacksrezeptoren der Zunge** befinden sich nicht in bestimmten Zonen, sondern sind gleichmäßig über die ganze Zunge verteilt.
- **Die Oberfläche einer menschlichen Lunge** beträgt etwa 80 Quadratmeter. Übertroffen wird die Lunge von der **Darmschleimhaut**, deren Größe mit etwa 260 Quadratmetern der Fläche eines Tennisplatzes entspricht.
- **Sauerstoffarmes Blut** ist blau, sauerstoffreiches rot. Quatsch! An der Farbe ist die Menge des Sauerstoffs im Blut nicht festzustellen.
- Krankhaft gesteigerten **Speichelfluss** nennt der Mediziner Sialorrhö, Hypersalivation oder Ptyalismus. Die gesunden Mitmenschen beklagen sich über die feuchte Aussprache des Betroffenen oder sagen, dass er sabbert.
- Forscher des Massachusetts Institute of Technology (MIT) fanden heraus, dass beim Niesen Tröpfchen mitsamt den darin enthaltenen Krankheitserregern mehr als 12 Meter weit durch die Luft fliegen können. Deshalb macht es im Alltag Sinn, in die Hand, auf den Ellenbogen oder in ein Taschentuch zu niesen.
- Beim **Niesen** werden alle Körperfunktionen unterbrochen, sogar der Herzschlag, allerdings nur für den Bruchteil einer Sekunde.
- Das Eiklar im Hühnerei, auch **Eiweiß** genannt, enthält weniger Eiweiß als das Eigelb.

- Durch **Zappeln** werden bis zu 350 Kalorien pro Stunde verbrannt.
- Forscher der psychologischen Fakultät der Universität Keele in Großbritannien haben festgestellt, dass **Fluchen** die Schmerzempfindung dämpfen kann. Nach dem Grund dafür wird noch geforscht.
- Der amerikanische Schauspieler Mark Wahlberg hat drei **Brustwarzen.**
- Der Mensch entwickelt schon im dritten Schwangerschaftsmonat seine **Fingerabdrücke**.
- **Linkshänder** können rätselhafterweise unter Wasser besser sehen als Rechtshänder.
- Bei den Simpsons haben alle Personen vier **Finger** an jeder Hand. Nur Gott hat fünf Finger.
- Die innere Uhr des Menschen hat einen **25-Stunden-Rhythmus.**
- Kontinuierliche Erneuerung: Im Laufe eines Jahres werden etwa **98 Prozent der Atome** im menschlichen Körper ersetzt.

Biologie, pflanzlich

Kennen Sie das größte bekannte Lebewesen der Erde? Der Elefant auf dem Land oder der Blauwal im Ozean? Beides falsch – das größte Lebewesen ist ein Pilz, ein Hallimasch.

- Mit einer Ausdehnung von 880 Hektar – etwas mehr als 1200 Fußballfelder – wächst ein **Hallimasch** im Malheur

National Forest in Oregon, USA. Der erst im Jahr 2000 entdeckte Riese wiegt etwa 600 Tonnen und lebt zum größten Teil unterirdisch, und das seit 2400 Jahren. Nur gelegentlich kommen seine Fruchtkörper an Baumstämmen oder Baumstümpfen an die Oberfläche. Der größte Teil des Pilzes, das Myzel, ein feines Fadengeflecht, verbirgt sich unter der Erde.

- Um den Titel **»der älteste Baum der Welt«** gibt es erheblichen Streit: Ist es die schwedische Fichte »Old Tjikko« mit ihren 9550 Jahren, eine Grannenkiefer in den kalifornischen White Mountains mit 4700 Jahren oder »Pando«, eine Amerikanische Zitterpappel im Fishlake National Forest in Utah/USA, die zu einem ganzen Wald herangewachsen ist und seit 80 000 Jahren an derselben Stelle steht? Wir wissen es nicht, und es gibt Dutzende weitere Wettbewerber …
- Sie wachsen nicht in den Himmel: Die Obergrenze für die **Höhe eines Baums** auf der Erde ist 130 Meter, darüber hinaus funktioniert der Transport von Wasser durch die Kapillaren des Stammes gegen die Schwerkraft nicht mehr, wie ein Forscherteam der Universität von Nord-Arizona in Flagstaff ermittelte.
- **Hyperion** heißt der derzeit höchste Baum der Erde. Der Küstenmammutbaum *(Sequoia sempervirens)* wächst im Redwood-Nationalpark in Kalifornien (USA) und ist stolze 115,55 Meter hoch.
- **Der höchste je gemessene Baum** soll ein Riesen-Eukalyptus in der Nähe von Watts River, Victoria/Australien gewesen sein.

- Ein einzelner ganz gewöhnlicher **Straßenbaum** kann im Jahr knapp 30 Kilogramm Schmutz aus der Luft herausfiltern.
- Die **Tabakpflanze** produziert das starke Gift Nikotin, um sich vor Fressfeinden zu schützen.
- Die größte unverzweigte Blüte im Pflanzenreich produziert die **Titanwurz** genannte Pflanze mit dem lateinischen Namen *Amorphophallus titanum*, was so viel wie »unförmiger Riesenpenis« bedeutet. Der Blütenstand wird bis zu 3 Meter hoch und stinkt infernalisch nach Aas, um Insekten anzulocken.
- **Mandeln** gehören zur Familie der Pfirsiche, **Erdbeeren** sind sogenannte Sammelnüsse.
- **Schnittblumen** halten länger, wenn man Viagra in das Wasser gibt.

Biologie, tierisch

Wussten Sie, dass 1877 in Belgien eine Gesellschaft zur Steigerung der moralischen und geistigen Eigenschaften der Hauskatze gegründet wurde? Jetzt haben Sie wieder ein neues Faktum, mit dem Sie im Biologieunterricht glänzen können. Überhaupt: Brillieren Sie mit Ihrem Wissen über Tiere!

- **Chamäleons** ändern ihre Farbe nicht nur, um sich zu tarnen, sondern auch nach Lust und Laune – um Stimmungen auszudrücken. In manchen ihrer Zustände sind sie keineswegs unauffällig, sondern ausgezeichnet zu sehen.

- Das **Quagga**, eine Zebraart im südlichen Afrika, wurde Mitte des 19. Jahrhunderts vom Menschen ausgerottet. Bei dieser Art waren Rumpf und Beine nahezu ohne Streifen.
- 1681 starb auf der Insel Mauritius im Indischen Ozean der letzte kapuzentragende Nachtvogel, auch **Dodo** genannt.
- Lonesome George, der vermutlich letzte Vertreter der **Pinta-Galápagos-Riesenschildkröten**, starb am 24. Juni 2012. Er wog 90 Kilogramm und war ungefähr 100 Jahre alt.
- **Mehr als 200 Vogelarten** schützen sich durch ein Bad in einem Ameisenhaufen vor Parasiten. Sie reiben sich die Insekten mit dem Schnabel ins Gefieder, mit Vorliebe solche Arten, die reichlich Ameisensäure produzieren, denn diese schützt wirklich effektiv zum Beispiel vor Federläusen.
- Der moderne **Stadtvogel** greift zur Zigarette, um sein Nest vor Milben zu schützen, wie man bei in der Stadt lebenden Sperlingen beobachtet hat. Je mehr Zigarettenkippen in das Nest eingebaut waren, desto weniger Parasiten enthielt es.
- Ein **Königspinguin** kann bis zu 535 Meter tief tauchen.
- Es ist nicht nur eine Redewendung, wenn man sagt, jemand stinke wie ein **Iltis**. Iltisse, Marder und Frettchen besitzen Analdrüsen, die ein extrem übel riechendes Sekret absondern.
- 10 bis 15 Prozent aller Schüler sind Linkshänder, hingegen ist jeder zweite **Elefant** Linksrüssler, rollt also seinen Rüssel beim Ausreißen von Nahrung nach links auf.
- Etwa **80 Prozent aller Tiere** haben sechs Beine.

- **Faultiere** haben eine ausgesprochen langsame Verdauung. Die aufgenommene Nahrung bleibt bis zu zwei Wochen in ihrem Körper.
- Gewaltiger Durst: **Kamele** trinken 200 Liter Wasser in 15 Minuten.
- **Quallen** bestehen zu 95 Prozent aus Wasser.
- **Hummeln und viele Bienenarten** fliegen bei jedem Wetter aus. Honigbienen hingegen werfen erst einmal einen Blick aus ihrem Stock, um zu sehen, wie das Wetter ist. Wenn es ihnen nicht gefällt, nehmen sie sich frei. Bei schlechtem Wetter würden sie kaum Honig und Pollen sammeln können, weil viele Blüten geschlossen sind.
- **Weibliche Frettchen** können sterben, wenn es keinen Partner gibt, mit dem sie sich fortpflanzen können. Sie geraten in einen Zustand der Dauerranz mit einem lebensgefährlichen Östrogenüberschuss.
- Beeindruckend: Der Penis des **Blauwals** ist ungefähr 2,5 Meter lang.
- **Walrosse** schlafen senkrecht schwimmend im Wasser. Luftsäcke im Hals halten sie aufrecht.
- Wenn **Huskys** schlafen, bedecken sie ihre Nase mit ihrem Schwanz, um diese vor Frost zu schützen, denn sie schlafen auch bei arktischen Temperaturen immer draußen.
- Nicht gerade hellwach: Der **Koala** schläft ungefähr 20 Stunden am Tag.
- Nicht nur Singvögel zwitschern in Dialekten, auch **Milchkühe** haben je nach Region unterschiedliche Mundarten –

so die Forschungsergebnisse von John Wells, Professor für Phonetik an der Universität London.

- **Schmetterlinge** wissen nicht, wie schön sie sind, weil sie ihre eigenen Flügel nicht sehen können.
- Sitzt du auf deinen Ohren, möchte man manchmal einen Schüler fragen. Vielleicht hört er besser zu, wenn er erfährt, dass die **Laubheuschrecke** ihre Ohren unterhalb der Knie hat.
- Tiefgreifend: Nicht nur das Fell, sondern auch die Haut ist bei **Tigern** gestreift.
- Tödlich schlechte Mundhygiene: Der **Komodowaran**, eine urtümliche Echse aus Südostasien, tötet große Beutetiere nicht unmittelbar, sondern durch die Folgen ihres Bisses. Bakterien und die Blutgerinnung hemmende Gifte im Speichel des Warans sorgen dafür, dass ein Beutetier oft erst nach Tagen stirbt.

Chemie

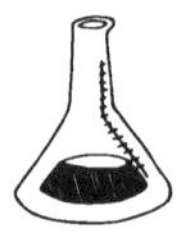

Gifte, Sprengstoffe, rätselhafte Substanzen – Chemie ist, wenn es stinkt und kracht. Sorgen Sie dafür, dass dieses falsche Bild des Fachs durch Ihren Unterricht widerlegt wird.

- Das häufigste Element auf der Erde ist **Sauerstoff**, im Weltall ist es **Wasserstoff**.
- Die seltensten stabilen Elemente sind **Xenon** auf der Erde und **Tantal** im Weltall. Der Anteil an Xenon in der Erdkruste beträgt 0,00003 ppm, der von Tantal im Weltall nur 0,00008 ppm (ppm = parts per million).

- Zu den **Supersäuren** – jede von ihnen ist stärker als hundertprozentige Schwefelsäure – zählt man die **Hexafluorantimonsäure** $H[SbF_6]$. Sie ist trillionenfach stärker als konzentrierte Schwefelsäure.
- Die giftigste bekannte Substanz für Menschen ist das **Botulinumtoxin**, besser bekannt als Botox. Wenige Nanogramm pro Kilogramm Körpergewicht genügen, um einen Menschen zu töten. Richtig dosiert, wird es als Medikament und für Schönheitsbehandlungen eingesetzt.
- Das Material mit dem höchsten Schmelzpunkt (4215 °C) ist **Tantalhafniumcarbid**, Ta_4HfC_5, eine extrem harte Keramiksubstanz. Sie wird zur Herstellung von Schneidwerkzeugen verwendet.
- Von Edelgasen wird eigentlich gesagt, dass sie keine Verbindungen eingehen, doch das ist nicht ganz richtig. Xenon zum Beispiel kommt in den Verbindungen **Xenontetrafluorid**, XeF_4, und **Xenontrioxid**, XeO_3, vor.
- **Rhenium** ist das zuletzt entdeckte stabile chemische Element, gefunden 1925 von den Chemikern Walter Noddack, Ida Tacke und Otto Berg.
- 1789 wurden Licht und Wärme fälschlicherweise noch als **Elemente** angesehen.
- Pro Woche werden 10 000 **neue Chemikalien** synthetisiert – Substanzen mit zum Teil unbekannten Eigenschaften, die es zuvor nicht gegeben hat.
- Im **Bleistift** gibt es gar kein Blei; er müsste eigentlich Grafitstift heißen.

Die süße, aber giftige Substanz **Bleizucker** (Blei(II)acetat) mit der Formel $Pb(CH_3COO)_2$ wurde, ahnungslos, wie die Menschen waren, bis ins 19. Jahrhundert als Süßungsmittel für Wein genutzt.

Computer und das Internet

Das Internet ist für uns alle Neuland? Das meinte vor einigen Jahren eine bekannte Dame, die der Zeitgeist noch nicht heimgesucht hatte. Sie kennen sich bestimmt aus, oder? Möglicherweise gehören Sie aber auch zur selben Generation wie besagte Dame und müssen Ihren Sprachschatz noch … nennen wir es: digitalisieren. Hier finden Sie einige der seltsamen Abkürzungen, die man in Foren oder Messengern verwendet – nur so als Beispiele, es gibt Hunderte davon.

- **2L8** – Too late! Zu spät!
- **BCC** vor einer E-Mail-Adresse ist die Abkürzung für *Blind Carbon Copy*, Blindkopie. **CC** bedeutet *Carbon Copy* und stammt noch aus ferner Vergangenheit, als man einen Durchschlag noch mit Kohlepapier anfertigte.
- **Blogger** – Mensch, der seine Textergüsse nicht etwa einem intimen Tagebuch, sondern einem öffentlichen Weblog anvertraut, das flapsig (lol!) auch Blog genannt wird.
- **BRB** – Nachricht in einem Forum: *be right back!* Ich bin gleich zurück!
- **Browsen** – früher brausten die kerngesunden Kinder mit ihren Tretrollern und Fahrrädern durchs grüne

Deutschland, heute browsen sie dick und fett durchs Internet. Das ist Fortschritt.

- **Bug** – ein Fehler im Programm, aber in der Vorstellung eine Art Schadinsekt.
- **Canceln** – Termine verschieben? Verabredungen absagen? Das kommt für den modernen Business-Typen nicht infrage. Ein privates oder geschäftliches Date wird heute souverän und von oben herab gecancelt, der betreffende Partner also abgekanzelt.
- **Community** – Gemeinde, Gemeinschaft, also zum Beispiel die Linux-Community, die Borderline-Community, die Haustier-Community oder die Community der Denglisch-Geschädigten.
- **Cookie** – kein Futter für das Krümelmonster, sondern ein kleines Spionageprogramm, das bei der Marktforschung hilft und zum Beispiel festhält, welche Websites Sie besuchen; es könnte aber auch ein kleiner fieser Spy sein, der Ihren Rechner nach brauchbaren PINs und E-Mail-Adressen absucht und dabei noch ganz harmlos tut.
- **DAU** – Abkürzung: der **D**ümmste **A**nzunehmende **U**ser.
- **Deleten** – Computer-Denglisch für alle Löschvorgänge, die man hinterher lieber canceln würde.
- **DNFTT** – *don't feed the troll!* Die Aufforderung, jemandem, der zum Beispiel bei Twitter oder Facebook provoziert, nicht noch weiteren Stoff für sinnlose Diskussionen zu liefern.
- **Firewall** – die Feuerwand (und nicht der Feuerwall!) schützt realiter Gebäude bei Großbränden vor dem Übergreifen der

Flammen. Im Computerbereich stellt die Firewall eine technische Hürde zwischen Rechner und Internet dar, um unerwünschten Zugriff von außen zu verhindern.

- **Geek** – Sonderling, im Gegensatz zum introvertierten Nerd gibt der Geek gern mit seinem Wissen und elektronischen Spielzeug an.
- **GN8** – *good night!*
- **HAND** – *have a nice day!* Ich wünsche dir einen schönen Tag!
- **HDGDL** – hab dich ganz doll lieb! Oder: Hab dich gedisst, du Loser!
- **Hoax** – eine (lustige) Falschmeldung, ein Scherz, nicht zu verwechseln mit einem Fake, einer bewussten Falschmeldung.
- **Nerd** – introvertierter Computersonderling mit viel Spezialwissen und unter Umständen seltsamem Sozialverhalten.
- **Noob** – ein Neuling, der nicht den blassen Schimmer von der Materie hat, auch Newbie genannt.
- **OMG** – *oh my god!*
- **RTFM!** – *read the fucking manual!* Die Aufforderung, sich durch Lektüre der Betriebsanleitung Sachkenntnis zu verschaffen.
- **Spoofing** – digitale Manipulation, Vortäuschung, Verschleierung der Identität.
- **WTF!** – *What the fuck!* Ausdruck von Verwunderung, Empörung, Entrüstung.

Noch ein paar interessante Fakten:

- **Die erste E-Mail der Welt** wurde 1971 an die Adresse tomlinson@bbntenexa geschickt.
- Fast 90 Prozent des gesamten E-Mail-Verkehrs bestehen heute aus **Spam**.
- Das **World Wide Web** wurde 1989 am CERN (*Conseil européen pour la recherche nucléaire*), der europäischen Organisation für Kernforschung, entwickelt, um den Austausch von Forschungsergebnissen zu verbessern. Das neue Übertragungsprotokoll HTTP *(Hyper Text Transfer Protocol)* und die URL-Adressen *(URL = Uniform Resource Locator)* erweitern die Möglichkeiten des Netzwerks. Als Erfinder gilt der britische Physiker und Informatiker Tim Berners-Lee.
- Als erste Webcam gilt die **Trojan Room Coffee Pot Camera**, die nichts weiter als eine Kaffeemaschine im Computerlabor der Universität Cambridge zeigte. Von Ende 1991 bis 2001 sendete die CCD-Kamera von Philips Bilder einer Krups-Kaffeemaschine ins Web.
- 3500 Pfund Sterling – damals über 10 400 DM – zahlte *Spiegel online* für die **Trojan-Room-Kaffeemaschine**, als diese im Frühjahr 2001 nach einem Defekt versteigert wurde. Der Hersteller Krups reparierte das Gerät kostenlos, und *Spiegel online* stellte es bis zum Sommer 2015 wieder online.
- Die wohl **älteste noch aktive Webcam** ist die seit 1994 sendende FogCam im Department of Instructional Technologies an der San Francisco State University.

Deutsch

Beginnen wir den Ausflug in die wunderbare Welt der Sprache mit ein paar kuriosen Fakten, über die man reden kann, wenn man unvorbereitet in einer Vertretungsstunde aktiv werden muss.

- Das deutsche Wort mit den meisten Konsonanten hintereinander – nämlich acht – ist »Angstschweiß«. Es gibt aber noch mindestens einen Konkurrenten: »Geschichtsschreibung«.
- Bürokratie und Sprache: Es gibt 21 000 EU-Verordnungen, die vermutlich längste davon, die Datenschutz-Grundverordnung, umfasst allein 88 Seiten mit über 50 000 Wörtern.
- Das Gegenstück zum Analphabeten ist der Alphabet. Den Prozess, lesen und schreiben zu lernen, bezeichnet man als Alphabetisierung.
- 1820 konnten nur 12 Prozent der Weltbevölkerung lesen und schreiben.
- Heutzutage ist es umgekehrt: Nur 13 Prozent der erwachsenen Weltbevölkerung können nicht lesen und schreiben. In Deutschland sind es immerhin noch 4 Prozent.
- Was eine Alliteration ist, bleibt den meisten Schülern auch nach der Schulzeit im Gedächtnis. Zu den bekanntesten Beispielen zählt »Milch macht müde Männer munter«.
- Der Begriff Pangramm dürfte den meisten jedoch unbekannt sein. Als Pangramm bezeichnet man einen einzigen Satz, der alle Buchstaben des Alphabets enthält. Ein Beispiel: Zwölf Boxkämpfer jagen Viktor quer über den großen Sylter Deich.

- Bekannt ist ein englisches Pangramm, das in der Typografie Verwendung findet: *The quick brown fox jumps over the lazy dog.*
- Als echte Pangramme werden Sätze bezeichnet, die jeden Buchstaben des Alphabets nur ein einziges Mal enthalten. In keiner Sprache ist ein echtes Pangramm bekannt, das nur aus Wörtern des tatsächlichen Sprachgebrauchs ohne Abkürzungen besteht.
- Das hawaiianische Alphabet hat nur zwölf Buchstaben.

Als Deutschlehrer haben Sie eine besondere Verpflichtung: Sie müssen unsere Muttersprache verteidigen! Hier finden Sie Hilfestellung, um in den kommenden Unterrichtsstunden wirklich schlimme Sprachverbrechen aufzudecken und möglicherweise für Abhilfe zu sorgen. Denn wenn man eine Weile über bestimmte sprachliche Konstruktionen nachdenkt, mit wachem Verstand und genauer als gewöhnlich liest oder hinhört, gibt es einige Stolperfallen, über die nachzudenken es sich lohnt – auch im Unterricht. Hier ein paar Themenvorschläge für Ihre Unterrichtsstunde unter dem Titel »Tatort deutsche Sprache«:

- **Was ist los mit der Alterspyramide?** – Nur allzu gern bemühen Journalisten diese seltsam kopflastige Variante der Pyramide. Mal hinschauen: In Deutschland ist es gar keine Pyramide mehr! Was halten Sie davon, nach einem neuen, passenderen Begriff zu suchen?
- **Vorsicht, Automatismus!** – Warum ist dieses Wortungeheuer so gefährlich? Weil es seinen Vorgänger namens Au-

tomatik gefressen hat. Ähnlich erging es der Technik mit der Technologie. Da sehen Sie keinen Unterschied? Die Technologie ist die Lehre von den Techniken. Schlagen Sie eine wichtige Schlacht im Kampf gegen das Blähdeutsch!

Das Gefangenenlager wurde von den US-Truppen befreit. Gemeint ist eigentlich: Das Lager wurde *durch* die US-Truppen befreit. Oder war das Militär im Auftrag des Sternenbanners eine Plage, von der man das Lager befreien musste?

Was bekommt man am Ende des Monats? Immer wenn über Tarifverhandlungen berichtet wird, macht irgendein Medienprofi durch seine Aussprache des Wortes »Entgelt« klar, dass er noch nie etwas von dem Verb »entgelten« gehört hat. Machen Sie Ihre Schüler damit vertraut, damit diese später ein entsprechendes Entgelt bekommen und nicht etwa glauben, das Entgelt hätte mit dem Ende des Monats zu tun.

»Massenmord! Mehr als 300 Menschen evakuiert.« – »Die Ordnungskräfte mussten 120 Menschen evakuieren«, heißt es in einer Fernsehnachricht. Was für ein Gemetzel! Evakuieren bedeutet nämlich entleeren. Man kann Häuser oder Dörfer oder Städte evakuieren, aber Menschen? Lassen Sie Ihre Klasse oder Ihren Kurs mal eine Weile grübeln, was an dem Satz falsch sein könnte – ob es einer oder eine herausfindet?

Händeringende Firmen – ein Unterrichtsthema aus der Abteilung schräge Bilder: die Art und Weise, mit der die deutsche Wirtschaft in Presseberichten Arbeitskräfte sucht und dennoch keine findet. Wenn man sich das mal konkret vorstellt: Die Firmen selbst sind keine natürlichen Personen und haben keine Hände. Tausende Personalchefs quälen ihre vorderen Gliedmaßen, in der Hoffnung, dadurch an qualifizierte Facharbeiter zu kommen ...

In die Kassen spülen – des Journalisten Liebling, wenn es um Geld geht. Fragt sich, mit welcher Flüssigkeit gespült wird; entweder gibt es wasserfeste Kassen oder es handelt sich um ein ganz besonderes Fluidum, vermutlich Hirnwasser.

Vorprogrammiert – Provinzjournalisten glauben gern, die programmierte Katastrophe ihres Käseblättchens durch Berichte über vorprogrammierte Katastrophen abwenden zu können. Der alte Greis, der runde Kreis, die baumbestandene Allee, der weiße Schimmel und der kleine Zwerg – man nennt eine solche Sprachschöpfung Pleonasmus, was so viel bedeutet wie Übermaß. Zugegeben, vorprogrammiert ist kein ganz einfacher Fall, aber letztlich doch einer.

Zurückrudern – noch ein Unterrichtsthema aus der Abteilung schräge Bilder: Es geht um die Lieblingssportart von Politikern. Vor dem geistigen Auge entsteht das wunderbare Bild von Bundestagsabgeordneten und Ministern in Ruderbooten, die schweißgebadet kreuz und quer über die Havel und den Wannsee rudern, Minister Peter Altmaier im Netzhemd, am Ufer gibt Angela Merkel die Schlagzahl vor, ein Bild, das man nie wieder vergisst.

Geografie und Länderwissen

Manchmal macht der Geografieunterricht einfach mehr Spaß, wenn man sich geografisch auf Abwege begibt und sich mit den Sensationen und Skurrilitäten dieser Welt befasst.

- **Afrika:** Der Okavango ist der längste Fluss der Erde ohne Mündung. Er versiegt nördlich der Wüste Kalahari im abflusslosen Okavangobecken, einem 15 000 Quadratkilometer großen und sumpfigen Binnendelta.
- **Marokko** hat der Diebstahl von Sand bereits die Hälfte aller Strände gekostet. Das wertvolle Gut wurde – zum Teil bei Nacht und Nebel – mit Baggern und Lastwagen abtransportiert. Sand wird knapp – jedenfalls jener, der für die Herstellung von Beton geeignet ist. Nur Sand mit kantigen Körnern aus Flussmündungen oder dem Meer eignet sich dafür, und genau der wird von der Bauindustrie immer mehr nachgefragt. Wüstensand ist für die Herstellung von Beton unbrauchbar: viel zu rund geschliffene Körner.
- Unter dem Eis der **Antarktis** befinden sich über 150 Seen, die zum Teil seit mindestens 120 000 Jahren völlig von der Außenwelt abgeschlossen sind. Der größte von ihnen ist der unter 4000 Meter Eis liegende, 250 Kilometer lange Wostoksee. In ihm wird Leben vermutet; Forscher entnehmen mithilfe von Bohrungen Wasserproben und untersuchen sie auf Mikroorganismen – bisher ohne Erfolg.
- **Australien:** Das größte von Lebewesen, nämlich Korallen,

geschaffene Gebilde der Erde ist das 2300 Kilometer lange Great Barrier Reef im Pazifik vor Ostaustralien.

- Würde man ein Loch mitten durch die Erde bohren und sich in den dadurch entstandenen Tunnel stürzen können, würde man etwa 42 Minuten lang fallen, bis man die andere Seite erreichte.
- **Brasiliens** ehemals sehr moderne Hauptstadt Brasilia erinnert im Grundriss an die Form eines Flugzeuges, die Unterlagen des brasilianischen Städteplaners Lúcio Costa wurden *plano piloto* genannt. Das eigentliche Konzept war aber eine Kreuzform.
- **China:** Die Chinesen haben alles im Griff. Es gibt sogar ein Amt für Wetterbeeinflussung.
- **Hongkong:** »Ich dreh dir den Hals um!« In Hongkong dürfen betrogene Ehefrauen ihre untreuen Ehemänner mit bloßen Händen umbringen – aber eben nur mit den bloßen Händen.
- Ein Drittel der 1,4 Milliarden **Chinesen** – 433 Millionen Menschen – trägt einen der fünf häufigsten Nachnamen, Wang, Li, Zhang, Liu oder Chen. Allein 101,5 Millionen Chinesen heißen Wang.
- Wer die Grenze von Afghanistan nach China überschreitet, muss die Uhr um 3,5 Stunden vorstellen. Allerdings wird diese 56 Kilometer lange Grenze kaum überschritten, der einzige Übergang über den schmalen Mingteke-Pass liegt in sehr spärlich bewohntem Gebiet.
- **Deutschland:** Der Berliner Tiergarten ist größer als das Fürstentum Monaco.

- Der Mount Everest der Stadt **Hannover** heißt im Volksmund Monte Müllo. Er ist die höchste Erhebung im Stadtgebiet und war von 1937 bis 1982 die zentrale Mülldeponie.
- Die deutsche Hauptstadt **Berlin** liegt nördlicher als London.
- Seit mehr als 100 Jahren starten und landen Flugzeuge auf dem **Hamburger Flughafen;** damit ist er der deutsche Airport, der am längsten am gleichen Ort in Betrieb war.
- Die Stadt **Aachen** könnte sich eigentlich Bad Aachen nennen, verzichtet aber darauf, um in alphabetischen Verzeichnissen stets an erster Stelle genannt zu werden.
- Wer sich in Deutschland für einen Pass fotografieren lassen will, darf keine Uniform tragen.
- Sie planen eine Klassenfahrt? Könnte man mit dem Schulbus senkrecht nach oben fahren, wäre man schon nach etwas mehr als einer Stunde im (fast) leeren Weltraum.
- **Der höchste Berg Europas** ist mit 4810 Metern der Mont Blanc – doch diesem wird der erste Platz zunehmend streitig gemacht, zum Beispiel vom Elbrus im Kaukasus/Russland mit 5642 Meter Höhe und sieben weiteren Fünftausendern im selben Gebirgszug. Allerdings herrscht Streit darüber, ob die kaukasischen Berge in Europa liegen oder schon in Asien.
- **Der höchste unbestiegene Berg der Welt** ist der 7570 Meter hohe Gangkhar Puensum in Bhutan. Er wird es wohl auch noch eine ganze Weile bleiben, da der Staat Bhutan die Besteigung verboten hat. Nachdem 1983 das Bergsteigen in Bhutan vorübergehend erlaubt wurde, scheiterten vier Expeditionen bei dem Versuch, den Gangkhar Puensum zu

bezwingen. Da die einheimische Bevölkerung die Berggipfel für die Wohnstätte von Geistern und Göttern hält, wurde 1994 das Bergsteigen oberhalb von 6000 Metern wieder verboten.

- In **Europa** werden mehr als 300 Sprachen gesprochen, außerdem gibt es rund 500 Dialekte.
- Europäisch und asiatisch: **Istanbul** ist die einzige Großstadt, die sich über zwei Kontinente erstreckt.
- **Frankreich:** Der Eiffelturm in Paris wird regelmäßig in drei Farbabstufungen gestrichen von unten dunkel nach oben heller. Das Wahrzeichen der französischen Hauptstadt soll auf diese Weise größer wirken.
- Echter Champagner kommt aus dem Weinanbaugebiet Champagne in Frankreich, und die Franzosen geben ihn offenbar nur ungern her: Jedes Jahr werden in der Grande Nation mehr als 185 Millionen Flaschen des Schaumweins getrunken – das entspricht mehr als der Hälfte des Weltverbrauchs.
- Nicht etwa der Eiffelturm, sondern das Disneyland-Resort Paris ist das am häufigsten besuchte Touristenziel in Europa. 15 Millionen Besucher sahen sich die Attraktion 2015 an.
- **USA:** Über 30 Millionen Touristen kommen jedes Jahr nach Las Vegas. Die Wüstenstadt ist damit der meistbesuchte Ort der Welt.
- Die nördlichste Insel der Erde ist die etwa 1 Kilometer lange Kaffeklubben-Insel an der Nordspitze von **Grönland.** Obwohl der Name sich irgendwie gemütlich anhört – man

denkt an dampfenden Kaffee in einer Schneelandschaft –, ist die Insel unbewohnt.

- Der größte Gletscher nach Fläche ist der Austfonna auf **Spitzbergen** mit 8105 Quadratkilometern, nach Volumen ist es der Vatnajökull auf Island mit 3000 Kubikkilometern. Der größte Gletscher der Alpen ist der Aletsch mit einer Fläche von 86,6 Quadratkilometern.
- In **Alaska** gibt es pro Kopf fast so viele Flugzeuge wie Autos.
- Puzzles hat es doch schon immer gegeben, denkt man. Tatsächlich ist das Puzzle erst vor 200 Jahren vom englischen Lehrer John Spilsbury erfunden worden. Er zerschnitt eine Landkarte **Großbritanniens** und erstellte Puzzlestücke aus den einzelnen Grafschaften, damit sich seine Schüler ihre Lage besser einprägen konnten.
- Die etwas mehr als 3000 Bürger von Llanfairpwllgwyngyllgogerychwyrndrobwllllantysiliogogogoch, einer kleinen Stadt mit großem Namen auf der Insel Anglesey im Nordwesten von Wales, haben gute Verbindungen in Europa. Sie pflegen Städtepartnerschaften mit dem niederländischen 830-Seelen-Dorf Ee in der Provinz Friesland und dem französischen Ort Y, der europäischen Kommune mit dem kürzesten Namen (93 Einwohner).
- Die Getränke und Speisen gehen aufs Haus, aber Gäste zahlen im Café »Ziferblat« in London für die Zeit, die sie dort verbringen – etwa 2,20 Euro pro Stunde. Wer will, kann sich seine Verköstigung auch mitbringen.

- **Indonesien** exportiert jedes Jahr etwa 5000 Tonnen Frösche und ist damit der führende Exporteur für diese Delikatesse.
- Die meisten UNESCO-Weltkulturerbestätten findet man in **Italien,** nämlich 50.
- In **Rom** werfen abergläubische Touristen pro Jahr mehr als 100 000 Euro in den Trevi-Brunnen. Das soll – entsprechend der Anzahl der Münzen – Glück bringen.
- Eine elektronisch-akustische Simulation der Toilettenspülung, Otohime genannt, ist in **Japan** in Gebrauch. Eigentlich gehört der Name zu einer Wasserprinzessin und um Wasser geht es auch in dieser Angelegenheit. Weil in Japan viele Frauen befürchten, während des Toilettengangs könnten auch außerhalb der Kabine eindeutige Geräusche zu hören sein, betätigten sie immer wieder die Spülung – pure Wasserverschwendung. Das elektronische Gerät übertönt die natürliche Geräuschkulisse und schafft so Abhilfe.
- **Kanada** bedeutet in der Sprache der Irokesen »großes Dorf«. Ursprünglich war damit nur die Provinz Quebec gemeint, später kam die Bezeichnung für das ganze Land in Gebrauch.
- In **Madagaskar** hört das soziale Leben mit dem Tod nicht auf: Die Verstorbenen werden regelmäßig ausgegraben und gewaschen. Man feiert mit ihnen ein rauschendes Fest und begräbt sie dann wieder.
- In der niederländischen Stadt **Utrecht** wurde 1885 der weltweit erste Fahrradweg gebaut.
- Die tiefste Stelle im Meer ist der 11 034 Meter tiefe **Maria-**

nengraben im Pazifik nahe der Insel Guam. Der Meeresboden der Tiefsee ist vor allem von Krebsen und Bakterien bevölkert, die herabtreibendes organisches Material verwerten.

- **Pazifik:** Misst man nicht von der Meereshöhe, sondern vom Fuß des Berges aus, ist der höchste Berg der Erde nicht der Mount Everest, sondern der Mauna Kea auf Hawaii mit etwa 10 205 Metern. Nur 4214 Meter davon liegen über Wasser.
- Die **Peruaner** essen pro Jahr 65 Millionen Meerschweinchen. Die Deutschen schlachten in diesem Zeitraum 627 941 000 Hühner, 58 350 000 Schweine, 3 244 000 Rinder, 25 460 000 Enten, 1 085 000 Schafe, 37 700 000 Puten und 530 000 Gänse, aber keine Meerschweinchen.
- **Russland:** Der tiefste See der Welt ist der sibirische Baikalsee mit 1637 Meter Tiefe. Er ist auch der wasserreichste und älteste Süßwassersee. Zwei Drittel der dort vorkommenden Tier- und Pflanzenarten sind endemisch, kommen also nur dort vor.
- Die Zuflüsse des Aralsees in **Kasachstan** und **Usbekistan** werden seit 1960 für die künstliche Bewässerung von Baumwollfeldern verwendet. Inzwischen ist der einstmals 68 000 Quadratkilometer große See daher fast verschwunden, zurück bleibt Wüste.
- In **Singapur** darf Kaugummi nur bei Vorlage eines Ausweises verkauft werden.
- **Spaniens** zentraler Platz: Die Plaza de la Puerta del Sol gilt

nicht nur als exakte Mitte von Spaniens Hauptstadt Madrid – sie soll sogar der Mittelpunkt des ganzen Landes sein. Sechs Nationalstraßen beginnen auf diesem Platz, nämlich am offiziellen Ausgangspunkt Kilometro Cero.

- In der **Ukraine** gibt es 40 Wodka-Hersteller, die beliebtesten hochprozentigen Getränke tragen so klingende Namen wie Khortytsya, Morosha, Medoff, Marnaya oder Nemiroff.
- **USA:** Auf einer staubtrockenen Ebene im Death Valley wandern Hunderte Kilogramm schwere Steine und hinterlassen dabei Spuren. Schuld ist vermutlich der Wind.
- Die kürzeste Entfernung zwischen Russland und den Vereinigten Staaten beträgt 4 Kilometer. Dabei handelt es sich um die Große (RU) und die Kleine (USA) Diomedes-Insel in der Beringstraße. Beide Inseln sind bewohnt.
- El Pueblo de Nuestra Senora la Reina de los Angeles del Rio de Porciuncula lautet ein zweiter, inoffizieller Name der Stadt **Los Angeles**, übersetzt etwa »Das Dorf Unserer Lieben Frau, Königin der Engel des Flusses Portiuncula«.
- Die kleinste Armee besteht gerade einmal aus 110 Soldaten und gehört zur **Vatikanstadt**.
- Ein Mensch umrundet die Erde im Laufe seines Lebens zu Fuß ungefähr viermal.

Geschichte

Es müssen nicht immer endlose Jahreszahlen, vergilbte Dokumente und Staub der Jahrtausende sein – es gibt eine ganze Reihe von ausgesprochen unterhaltsamen Fakten, die Schüler im Geschichtsunterricht fesseln können.

- Die in der Bibel erwähnte **Sintflut** könnte ein reales Ereignis gewesen sein. Als vor etwa 9000 Jahren die letzte Eiszeit endete, flossen große Mengen Schmelzwasser von den Gletschern in die Flusstäler und dann ins Meer. Am Bosporus brach ein natürlicher Damm, die Fluten bahnten sich ihren Weg in eine Tiefebene, das Schwarze Meer entstand.
- Über 10 000 Jahre alt ist die **Stadt Jericho** und damit vermutlich die älteste Stadt der Welt. Schon vor 13 000 Jahren entstanden auf dem späteren Terrain der Stadt erste Ansiedlungen, Steinhäuser wurden gebaut. Seither ist die Stadt durchgehend bewohnt.
- Als ältestes literarisches Werk wird das ***Gilgamesch-Epos*** angesehen, eine mindestens 4000 Jahre alte sumerische Schrift. Die verwickelte Geschichte um Gilgamesch, den König von Uruk, handelt von dessen erfolgloser Suche nach der Unsterblichkeit.
- Die über **5000 Jahre alte Keilschrift** der Sumerer diente ursprünglich dazu, für den Warenhandel verwendete Krüge zu kennzeichnen. Die mit Keilen in den weichen Ton gedruckten und später eingebrannten Zeichen machten es möglich, den Inhalt der Krüge von außen zu erkennen.
- So beeindruckend die Bauwerke der Maya sein mögen, so erstaunlich ist die Tatsache, dass sie bei all ihren technischen Leistungen **ohne das Rad** ausgekommen sind. Es war zwar

schon erfunden und wurde sogar verwendet – aber nur für Kinderspielzeug.

- Der 1799 im ägyptischen Nildelta gefundene **Stein von Rosetta** half der Wissenschaft bei der Entschlüsselung der ägyptischen Schriftzeichen. Er enthielt die gleiche Inschrift dreimal: in Griechisch, Demotisch (ein volkstümlicher ägyptischer Dialekt) und eben auch in ägyptischen Schriftzeichen.
- **Die Bauarbeiter der Pyramiden** von Cheops, Chefren und Mykernios wurden mit Brot und Bier bezahlt. Ihr Tageslohn bestand aus fünf Broten und zwei Krügen Bier. Das Bier wurde mit langen Saugrohren aus Tonkrügen getrunken, weil die ungefilterte Flüssigkeit noch viele Feststoffe enthielt.
- Massive Grundlage: Die Gründungsurkunde der von Dareios I. gegründeten und 330 v. Chr. von den Truppen Alexanders des Großen in Brand gesteckten Stadt **Persepolis** soll eine 5 Kilogramm schwere Goldplatte gewesen sein, die in den 1930er-Jahren ausgegraben wurde.
- Unter **drakonischen Strafen** versteht man heute die besonders harte Ahndung von Vergehen. Dabei war der Namensgeber Drakon ein griechischer Gesetzesreformer, der 621 v. Chr. alle Gesetzesbestimmungen in Athen aufschrieb und öffentlich machte, um willkürliche Bestrafungen zu unterbinden. Außerdem führte er die Unterscheidung zwischen vorsätzlichen und versehentlichen Taten in die Rechtsprechung ein.

- Rom war **die erste Millionenstadt** der Welt. Sie erreichte im ersten Jahrhundert n. Chr. die siebenstellige Einwohnerzahl.
- Nicht die Stadtwache, sondern **eine Schar Gänse** rettete im Jahr 387 v. Chr. die Stadt Rom vor einem Überfall der Gallier. Ihr Geschnatter alarmierte die unaufmerksamen Wachmannschaften.
- Julius Cäsar soll für seine geheimen Botschaften eine besondere Art der **Verschlüsselung** benutzt haben. Er verschob die Buchstaben seines Textes um drei Zeichen nach rechts, sodass zum Beispiel aus einem a ein d wurde. Dieses simple Verschlüsselungsverfahren war auch deshalb effektiv, weil kaum einer seiner politischen Gegner richtig lesen konnte und deshalb auch nicht ausreichend mit den Schriftzeichen vertraut war, um Cäsars Trick zu durchschauen.
- Die **Liste der sieben Weltwunder** der Antike änderte sich im Laufe der Jahrhunderte mehrfach. Die bis heute anerkannte Version aus dem Jahr 130 v. Chr. stammt von dem griechischen Dichter Antipatros von Sidon:
  - die hängenden Gärten der Semiramis,
  - der Koloss von Rhodos,
  - das Grab des Königs Mausolos II. zu Halikarnassos,
  - der Leuchtturm von Pharos,
  - die Pyramiden von Gizeh,
  - der Artemistempel in Ephesos,
  - die Zeusstatue des Phidias von Olympia.

Einzig die Pyramiden haben die Zeitläufte überstanden und sind bis heute erhalten geblieben.

- Der **100-jährige Krieg** zwischen England und Frankreich hatte Überlänge: Er dauerte 116 Jahre, von 1337 bis 1453.
- Alle in England lebenden **Schwäne** sind Eigentum der Queen. Ihren Ursprung hat diese Regelung im 12. Jahrhundert, als Schwäne noch auf dem königlichen Speisezettel standen.
- **Die Raben im Tower von London** stellen eine Art Versicherung für das Königtum dar. Der Hofastronom John Flamsteed hat nämlich im 17. Jahrhundert vorausgesagt, dass es mit der Monarchie zu Ende ginge, wenn alle Raben den Tower verließen – übrigens, um die Vögel vor dem Zugriff durch die Schergen König Karls II. zu bewahren, der sie töten lassen wollte.
- Scheißname: Zur Verwandtschaft des aztekischen Herrschers Montezuma gehörte **Cuitláhuac** (in der Sprache Nahuatl »getrockneter Kot«): Er beherrschte von Juni bis Oktober 1520 die aztekische Hauptstadt Tenochtitlán.
- **Der Philosoph Giordano Bruno** starb im Jahr 1600 auf dem Campo de' Fiori in Rom auf dem Scheiterhaufen – die katholische Kirche hatte den unliebsamen Denker zum Ketzer erklärt und zum Tode verurteilt. 1889 wurde an diesem Ort ein Denkmal zu seinen Ehren errichtet – gegen den Protest des Vatikans. Es dauerte bis zum Jahr 2000, bis das Urteil aus dem 17. Jahrhundert von offizieller Seite der katholischen Kirche als Unrecht bezeichnet wurde.
- **Entschlossener Kämpfer**: Die späteste Kapitulation des Zweiten Weltkriegs kann der japanische Leutnant Hiroo Onoda

für sich verbuchen. Er verteidigte die Insel Lubang bis 1974 – und das, obwohl der Zweite Weltkrieg 1945 endete. Nachrichten über die Kapitulation Japans hielt er für gegnerische Propaganda. Erst ein Besuch seines ehemaligen Kommandeurs konnte ihn überzeugen, Frieden zu schließen.

Sommerzeit XXL: Im Jahr 1947 gab es in Deutschland die mitteleuropäische Hochsommerzeit (MEHSZ). Sie dauerte vom 29.6.1947 bis zum 5.10.1947 und galt für das gesamte deutsche Territorium. Die Uhren wurden um volle zwei Stunden vorgestellt.

Das sogenannte **Holländische Lager** *(Holland's Leaguer)*, ein berühmtes Londoner Bordell, benannt nach seiner Besitzerin Bess Holland, sollte 1631 auf Befehl des englischen Königs Charles I geschlossen werden, und das, obwohl König James I, Charles' Vorgänger im Amt, und etliche Adelige zu den Stammkunden gehörten. Bess Holland und ihre Prostituierten wehrten sich hartnäckig, das Etablissement konnte erst nach einmonatiger Belagerung endgültig geschlossen werden.

Impotent durch Kaffee? 1674 unterstellte eine anonyme Schrift im Namen von Londoner Frauen genau dies: Kaffee raube die Manneskraft und solle verboten werden.

Meisterleistung des Aberglaubens: In Frankreich wurde 1740 eine Kuh der Zauberei für schuldig befunden und gehenkt.

Charles Boycott, ein englischer Gutsverwalter, behandelte um 1880 seine Pächter in Irland derart schlecht, dass niemand mehr mit ihm Geschäfte machen wollte. Er wurde schlicht und einfach boykottiert – daher das Verb.

- Meilenstein: Das erste **Dosenbier** wurde 1935 verkauft.
- **Brautsträuße** hatten ursprünglich den Zweck, die Braut durch ihr intensives Aroma vor Ohnmachtsanfällen zu bewahren. Diese wurden nicht etwa durch die freudige Erregung der Brautleute, sondern durch die schlechte Luft in der Kirche verursacht. Wegen der schlechten Hygiene stank das Publikum einer Hochzeit damals häufig zum Himmel.
- Das Qualitätssiegel »Made in Germany« war ursprünglich gar keines. Es sollte die Bürger Großbritanniens vor minderwertigen Waren aus Deutschland warnen. Billige Plagiate und Waren schlechter Fertigungsqualität sorgten auf der Insel für unzufriedene Käufer. Deshalb beschloss das britische Parlament am 23. August 1887 den Merchandise Marks Act 1887. In diesem Gesetz ist vorgeschrieben, dass bei importierten Waren das Herkunftsland eindeutig und für jedermann erkennbar auszuweisen sei.
- Mel Gibson trägt in dem Film *Braveheart* einen **Schottenrock**, den Kilt. Dieser war allerdings zu der Zeit, in der der Film spielt – im 13. Jahrhundert –, noch gar nicht erfunden. Das Kleidungsstück ist erst ab dem 16. Jahrhundert historisch nachgewiesen.
- **Emmerich Grach**, einer der 32 Urururgroßväter von Günther Jauch, war Zweiter Bürgermeister von Trier und hat nicht nur Napoleon in Person getroffen, sondern auch die Geburtsurkunde von Karl Marx unterzeichnet.

- Der Freistaat Bayern hat dem Grundgesetz der Bundesrepublik Deutschland nie zugestimmt.

Kunst

»Kunst kommt von Können, käme sie von Wollen, hieße sie Wunst.« Dieser Satz hat zahllose Urheber – oder eben Nichturheber, denn woher er stammt, ist nicht zu ermitteln. Hans Thoma, Friedrich Nietzsche, Max Liebermann, Ludwig Thoma, Karl Kraus und Karl Valentin waren es jedenfalls nicht. Beeindrucken Sie Ihre Schüler mit dieser Art von Wissen auch im Kunstunterricht!

- **Vincent van Gogh** malte in den letzten zehn Jahren seines Lebens über 1000 Bilder. Verkaufen konnte er nur wenige, manche Quellen sagen nur ein einziges, und das soll sein Bruder Theo erworben haben. Heute gilt er als Pionier der modernen Malerei.
- Vincent van Goghs fehlendes Stück **Ohr** ist vielfach Streitpunkt der Kunstgeschichte. War er es wirklich selbst? In dem Buch *Van Goghs Ohr – Paul Gauguin und der Pakt des Schweigens* behaupten die Autoren, Malerkollege Paul Gauguin habe van Gogh im Schwertkampf ein Stück vom Ohr abgesäbelt.
- **Mädchenabitur?** Wenn man in NRW auf dem Gymnasium das Fach Kunst mit ins Abitur nehmen möchte, muss Mathematik ebenfalls als Abiturfach gewählt werden. Dasselbe gilt für Sport.

- **Das älteste bekannte Kunstwerk** der Menschheit? Es könnte der *Löwenmensch* sein, eine Elfenbeinfigur, gefunden 1939 in der Höhle Hohlenstein-Stadel und auf ein Alter von 32 000 Jahren geschätzt. Älter als der Löwenmensch ist das in Indonesien gefundene Gemälde, das Menschen bei der Jagd zeigt – auf 43 900 Jahre datieren es Forscher der Griffith-Universität im australischen Brisbane.
- Offenbar sind einige große Künstler **Beidhänder** gewesen: Leonardo da Vinci malte, zeichnete und schrieb sowohl mit der rechten als auch mit der linken Hand. Auch Michelangelo arbeitete in der Sixtinischen Kapelle mit beiden Händen.

Mathematik

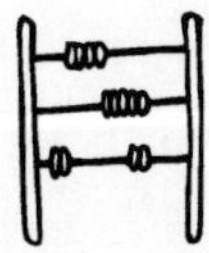

Wenn man zehn Äpfel hat und drei davon isst, hat man nach Adam Riese noch sieben Äpfel übrig. Wer aber war Adam Riese und warum weiß er heute noch so viel?

- **Adam Ries** (nicht Riese) war ein deutscher Mathematiker, der Anfang des 16. Jahrhunderts lebte und im Fürstentum Bamberg im heutigen Bayern geboren wurde. Er verfasste ein Rechenbuch mit dem Titel *Rechnung auff der Linihen und Federn*, das in etwa 120 Auflagen erschien. Ries erlangte deutschlandweit Bekanntheit, da er seine Werke in deutscher Sprache und nicht wie damals üblich auf Latein verfasste. Seine Berühmtheit trug schließlich dazu bei, dass sein Name Eingang in die Geschichte fand.

- Als der US-amerikanische Spielzeughersteller Mattel im Jahr 1992 seine ersten sprechenden Barbies in die Läden brachte, gehörte »**Matheunterricht ist hart!**« zu ihren ersten Sätzen. Nach einem großen feministischen Aufschrei entfernte Mattel den Satz aus Barbies Wortschatz. Mathe-Barbie erschien nach diesem Eklat sogar in einer Folge der *Simpsons*.
- Geometrie: **Gullydeckel** sind rund, weil ein runder Deckel nicht in einen runden Schacht mit gleichem Durchmesser fallen kann. Bei allen anderen Formen – bis auf die quadratische bei einem quadratischen Schacht – wäre dies möglich.
- Machen Sie eine **Textaufgabe** daraus: Als Briefmarken noch nicht selbstklebend waren, wurde ein Brief durch das Anlecken der Marke auf der Rückseite um 0,3 Gramm schwerer. Ein Postflugzeug mit einer Million Briefen transportierte also immerhin 300 Kilogramm Spucke.
- Was ist teurer, ein Steak oder ein Kleinwagen? Geht man nach dem **Preis pro Kilogramm**, ist ein Steak im Restaurant deutlich teurer als ein Kleinwagen.
- Stimmt das? In einer Tüte Gummibärchen sind die weißen, gelben, grünen und orangenen zu je einem Sechstel enthalten, die roten Gummibärchen aber mit einem Drittel überrepräsentiert. Zur Not nachzählen!
- Schon fast philosophisch: **Ist das Ganze mehr als die Summe seiner Teile?** Ja, weil es außerdem noch Informationen über die Zusammensetzung der Teile beinhaltet.
- Geometrie: **die fünf platonischen Körper**. Diese sind zusammengesetzt aus mehreren deckungsgleichen Flächen. Es

sind dies der Tetraeder (vier Dreiecke), der Würfel (sechs Quadrate), der Oktaeder (acht Dreiecke), der Dodekaeder (zwölf Fünfecke) und der Ikosaeder (20 Dreiecke).

- Die Chance auf **sechs Richtige im Lotto** lässt sich mit 1 zu 13 983 816 beziffern.
- **Sechs Richtige im Lotto** zu erzielen ist 200-mal wahrscheinlicher als von einem Meteoriten getroffen zu werden.
- Es gibt unendlich viele **Primzahlen**, aber keinen Algorithmus, mit dessen Hilfe sie zu berechnen wären.

Musik

Immer nur singen? Auch Musikgeschichte motiviert nicht zu mehr Aufmerksamkeit im Unterricht. Oder doch? Die folgenden Fakten wecken selbst die Schüler in der letzten Reihe.

- **Wolfgang Amadeus Mozart** hat einen sechsstimmigen Kanon mit dem Titel »Leck mich im Arsch« geschrieben. Allerdings wurde dieses Meisterwerk aus dem Jahr 1782 zu Mozarts Lebzeiten weder gedruckt noch aufgeführt. Erst seine Witwe Constanze Mozart gab das Musikstück zur Veröffentlichung frei, jedoch wurde der Text leicht abgeändert. Er lautete künftig »Lasst froh uns sein«. Die Originalniederschrift mit dem handschriftlich eingetragenen Text wurde erst 1991 in der Musikbibliothek der Harvard University entdeckt.
- Der ***Flohwalzer*** ist überhaupt kein Walzer, da er nicht dem Dreivierteltakt des Walzers folgt.

- Der **Sirtaki** ist kein griechischer Volkstanz, sondern die Erfindung von Choreografen. In dem Spielfilm *Alexis Sorbas* von 1964 konnte der nicht sonderlich tanzbegabte Hauptdarsteller Anthony Quinn den griechischen Tanz Syrtos tänzerisch nicht bewältigen – man schrieb ihm daher die einfachen Tanzschritte des Sirtaki auf den Leib.
- Tipp für die Geometrie im Mathematikunterricht: **Klassische Musik** verbessert nicht nur die Konzentration, sondern auch das räumliche Vorstellungsvermögen. Man spricht vom sogenannten **Mozart-Effekt** – die Werke des österreichischen Komponisten sollen in dieser Hinsicht besonders effektiv sein
- **»Longplayer«** soll das längste Lied aller Zeiten werden. Der englische Künstler Jem Finer hat ein 20-minütiges Musikstück aufgenommen, ein Computerprogramm zerlegt das Werk und kombiniert die Teilstücke so, dass sich die Tonfolgen bis zum Ende im Jahr 2999 kein einziges Mal wiederholen werden. »Longplayer« startete am 31. Dezember 1999 und soll bis Ende des Jahres 2999 weiter erklingen. Wer zuhören mag, findet »Longplayer« im Bow Creek Lighthouse, Trinity Buoy Wharf, am Nordufer des Flusses Themse.
- **Clarence Leonidas »Leo« Fender**, Musikinstrumentenbauer, Erfinder und Hersteller zahlreicher berühmter Rockgitarren wie der Telecaster oder Stratocaster, konnte selbst überhaupt nicht Gitarre spielen.
- **Udo Lindenberg** ist nicht nur Musiker, sondern auch Maler. Er malt Bilder mit Likören und nennt diese Likörelle.

- Schlecht bezahlte Musiker? **Paul McCartney** erhielt für seinen Auftritt bei der Eröffnungszeremonie der Londoner Olympischen Spiele eine symbolische Gage von 1 Pfund.
- Beliebtes Instrument: Das **Klavier**, das Freddie Mercury in »Bohemian Rhapsody« spielt, ist genau dasselbe, das Paul McCartney in »Hey Jude« verwendete.
- Axl Rose, der Sänger von **Guns n' Roses,** heißt eigentlich William Bailey. Sein Künstlername Axl Rose ist ein Anagramm von *oral sex.*
- Der ursprüngliche Titel des Stückes **»Yesterday«** von den Beatles soll »Scrambled Eggs« – Rührei – gewesen sein. Der zugehörige Text: »Scrambled eggs, *Oh my baby how I love your legs.* Not as much as I love scrambled eggs ...«
- Geheimwaffe: Die Royal Navy verwendet **Britney-Spears-Songs**, um somalische Piraten abzuschrecken.
- Wenn in einer Weinhandlung **klassische Musik** statt Popmusik abgespielt wird, erhöht sich der Umsatz um das 2,5-Fache.
- Hingegen steigt der **Alkoholkonsum** in einer Bar deutlich, wenn der Lautstärkelevel von 72 auf 88 Dezibel erhöht wird.
- Bei **Play-back-Auftritten** kommt die Musik vom Tonträger – deshalb schmieren die Streicher in einem Play-back-Orchester ihre Bögen mit Fett ein, damit nicht doch versehentlich ein Ton erklingt.

Physik

War Albert Einstein ein schlechter Schüler? Auf Einsteins am 3. Oktober 1896 ausgestelltem Zeugnis der »Maturitätsprüfung« stand fünfmal die Sechs – die beste Schulnote in der Schweiz. Nein, man muss schon ein ausgewiesenes Genie sein, um alles zu begreifen. Vom Kleinsten bis zum Größten, von den Elementarteilchen bis zum unendlichen Weltall – das alles gehört zum Physikunterricht.

- Aerodynamik: Die kleinen Dellen in Golfbällen, sogenannte **Dimples**, machen die kleinen Kugeln schnell und erhöhen ihre Reichweite. Sie verringern den Luftwiderstand des Balles im Flug fast um die Hälfte.
- Astronomie: Das Universum besteht zu 96 Prozent aus Dingen, über die wir so gut wie nichts wissen – **Dunkler Materie** und **Dunkler Energie**. Wir sehen nur die restlichen 4 Prozent – Staubnebel, Sterne und Galaxien.
- Von unserem **Heimatstern**, der Sonne, bis zum nächsten Fixstern im Alpha-Centauri-System, Proxima Centauri, sind es 4,244 Lichtjahre – er ist 272 000-mal so weit von uns entfernt wie die Sonne.
- 2006 wurde **Pluto** degradiert – ihm wurde der Planetenstatus aberkannt, ab sofort galt er nur noch als Zwergplanet, unter anderem auch deshalb, weil es in dieser Region des Sonnensystems noch weitere Objekte ähnlicher Größe gibt: Eris, Makemake, Haumea und etliche andere.
- Leuchtkraft-Charts: Die von der Erde aus gesehen **zwölf**

hellsten astronomischen Objekte sind: Sonne, Mond, Venus, Jupiter, Mars, Merkur, Sirius, Canopus, Saturn, Arkturus, Alpha Centauri und Wega. Der **Polarstern**, den viele für ausgesprochen hell halten, ist zwar tatsächlich der leuchtstärkste Stern im Sternbild Kleiner Bär, liegt aber in der Hitliste erst auf Platz 47.

Alle **88 Sternbilder** kennt vermutlich niemand. Allenfalls die Tierkreiszeichen des Horoskops und Konstellationen wie Orion und der Große Bär sind geläufig. Aber wer weiß schon, dass es Sternbilder namens Luftpumpe, Fliege und Grabstichel gibt?

Die **Raumsonde Voyager I** ist das bisher am weitesten von der Erde entfernte Objekt, das Menschen geschaffen haben. Ende 2009 war Voyager nach 32 Jahren Flugdauer über 100-mal so weit von der Sonne entfernt wie die Erde – und hatte erst knapp fünf Hundertstel eines Lichtjahrs zurückgelegt.

Zwölf Menschen haben bisher den **Mond** betreten, und zwar alle in den Jahren 1969,1971 und 1972. Seither war niemand mehr dort.

Gefahr von oben? Jedes Jahr fallen etwa 20 000 Meteoriten auf die Erde. Es lohnt sich übrigens, einen zu finden. Je nach Größe und Herkunft aus dem Weltall werden sie für viele 100 000 Euro gehandelt.

In Estland gibt es, gemessen an der Größe des Landes, die meisten **Meteoritenkrater**. Einer der beeindruckendsten liegt auf der Insel Saaremaa. Vor rund 4000 Jahren zerbarst dort ein Meteorit in etwa fünf bis zehn Kilometer Höhe, die

Trümmer stürzten herab. Der größte hinterließ einen Krater von etwa 50 Meter Durchmesser, umgeben von einem 16 Meter hohen Erdwall mit einem Durchmesser von 110 Metern.

- Schlechtes Wetter? Die Wolken am Himmel des Planeten **Venus** bestehen hauptsächlich aus feinen Tröpfchen ätzender Schwefelsäure.
- **Treibhauseffekt?** Auf der Venus herrscht in der Atmosphäre aus Kohlendioxid mit Schwefelsäurewolken eine Temperatur von durchschnittlich 460 °C. Der atmosphärische Druck ist 90-mal so hoch wie auf der Erde. Menschliche Besucher würden einfach zerquetscht und gebraten, sobald sie den Druckbehälter ihres Raumschiffs verlassen.
- Der **Temperaturunterschied zwischen Tag und Nacht** liegt auf der Erde in den extremen Wüstengebieten bei über 30 °C. Schwer auszuhalten? Auf dem sonnennächsten Planeten Merkur, der sich in 59 Tagen einmal um die eigene Achse dreht, liegen die Temperaturunterschiede bei etwa 600 °C – zwischen 400 °C auf der Tag- und –180 °C bis –200 °C auf der Nachtseite.
- Alle vier **Gasplaneten unseres Sonnensystems** haben Ringe – Jupiter trotz seiner Größe die schwächsten, Saturn zeigt die am besten erkennbaren. Die Ringe von Uranus und Neptun kann man wegen der großen Entfernung der Planeten nur mit einem guten Teleskop erkennen.
- **Das ausdauerndste Unwetter** wütet vermutlich seit Jahrhunderten auf dem Planeten Jupiter. Im Jahr 1831

wurde der Große Rote Fleck, ein gigantisches Sturmsystem, ausführlich von dem deutschen Astronomen Samuel Heinrich Schwabe beschrieben, und seither wütet es weiter.

- Nicht der richtige Ort für einen Badeurlaub: Flüsse, Seen und Meere gibt es auf dem **Saturnmond Titan** durchaus, und es regnet sogar. Allerdings fällt kein Wasser vom Himmel, sondern flüssiges Methan; die Temperatur liegt bei etwa –180° C.
- Der **Saturnmond Iapetus** zeigt eine fast schwarze und eine helle, fast weiße Seite.
- Auch der **Neptunmond Triton** besitzt eine ungewöhnliche Eigenschaft: Er umkreist als einziger großer Mond des Sonnensystems seinen Planeten entgegengesetzt zu dessen Rotationsrichtung.
- Unbestiegen: Der 26400 Meter hohe **Olympus Mons**, der höchste Berg des Sonnensystems auf dem Planeten Mars, wartet noch auf seine Erstbesteigung.
- Die **Lichtgeschwindigkeit** von 300000 Kilometer pro Sekunde gilt als feste Größe und kann nicht überschritten werden. Offenbar weiß das Licht das aber nicht, denn in Caesiumgas bewegt es sich um fast 3 Prozent schneller als im Vakuum. Das fanden Forscher des NEC Research Institute an der Universität Princeton/USA heraus.
- **Sauerstoff** (insbesondere in flüssiger Form) ist magnetisch – er wird in Magnetfelder hineingezogen. So lassen sich mit Sauerstoff gefüllte Seifenblasen von einem kräftigen Magnetfeld ablenken.

- Bei **Zimmertemperatur** bewegt sich ein Luftmolekül mit einer Geschwindigkeit von etwa 400 Metern pro Sekunde – 1440 Stundenkilometern – und stößt in diesem Zeitraum auf seinem Weg eine Milliarde Mal mit anderen Teilchen zusammen.
- Die höchste Temperatur, die sogenannte **Plancktemperatur**, liegt bei etwa 142 Quintillionen Kelvin (1,417*1032 K). Zum Vergleich: Ein Riesenstern erreicht in seinem Inneren gerade einmal 10 Milliarden Kelvin (1010 K), kurz bevor er als Supernova explodiert.
- **Sieben Milliarden Nebelpartikel** reichen gerade aus, um einen Teelöffel zu füllen.
- Harte Sache: Ein **Diamant** ist 140-mal härter als ein Saphir und 1170-mal härter als ein aus Quarz bestehender Kieselstein.

Religion

Sie können natürlich über Gottesbeweise diskutieren oder von Ihrem Besuch im Vatikan – inklusive persönlicher Audienz – berichten. Manche älteren Semester unter den Religionslehrern erzählen wieder und wieder von diesem besonderen Ereignis. Oft wünschen sich Schüler diese Berichte sogar, denn eine Stunde Sonderunterrichtsschlaf mit sonorer Stimme im Hintergrund tut gut …

Mit den folgenden Fakten wecken Sie Ihre Schüler dann wieder auf:

- 13 **Päpste** hießen Leo, 23 Päpste wählten den Namen Johannes, aber nur ein einziger trug den Namen **Hormisdas**. Weitere ungewöhnliche Papstnamen: Zosimus, Gelasius, Simplicius, Bonifaz, Urban, Adeodatus und Sisinnius, der nur 20 Tage Papst war.

Religionslehrer werden nicht von den Kirchen bezahlt. Obwohl die Kirchen einen großen Einfluss auf den Unterricht, die Ausbildung und sogar das Privatleben ihrer Religionslehrer ausüben, übernehmen sie von den jährlichen Gehältern in Höhe von 1,6 Milliarden Euro für die 26000 in Vollzeit arbeitenden Religionslehrer keinen Cent. Das gilt ebenfalls für die Kosten ihrer Ausbildung und ihrer Pension.

Bis 1951 galt für **Religionslehrerinnen** der Zölibat. Sie durften nicht heiraten. Im Bundesland Baden-Württemberg wurde diese Regelung sogar erst 1957 abgeschafft.
Da die männlichen Lehrer während des Krieges als Soldaten im Dienst waren, hatten die Frauen ihre Aufgaben in der Schule übernommen. Als nach Kriegsende die Männer zurückkehrten, fanden sie ihre Planstellen besetzt. Durch das Heiratsverbot hoffte man, viele Lehrerinnen würden ihren Job kündigen, um heiraten zu können.

Seit 2003 gibt es an drei Schulen in Berlin erstmals **buddhistischen Religionsunterricht** in Deutschland.

Als erstes Bundesland führte Nordrhein-Westfalen ab dem Schuljahr 2012/13 **islamischen Religionsunterricht** als Schulfach ein. Von den 400000 muslimischen Schülern in NRW erhalten inzwischen rund fünf Prozent islamischen Religionsunterricht.

- Die Inschrift C+M+B, welche die Sternsinger an die Haustüren malen, ist nicht etwa die Abkürzung für Caspar, Melchior und Balthasar. Vielmehr stehen sie für den lateinischen Satz »*Christus mansionem benedicat*« – Christus segne dieses Haus.
- Das katholische Kirchensteueramt München hat die 666, die Zahl des Teufels, in seiner Kontonummer.

Sexualkunde

In den meisten Bundesländern sind Eltern vor Beginn des Sexualkundeunterrichts durch die Schule zu informieren. Dies soll ihnen die Möglichkeit geben, ihre Kinder auf die sexuelle Bildung durch die Schule vorzubereiten. Eine Befreiung vom Sexualkundeunterricht beispielsweise aus politischen oder religiösen Gründen ist nicht möglich, auch nicht in der Grundschule. Die Schulen sind allerdings zu einer weltanschaulich neutralen Vermittlung des Wissens verpflichtet – so neutral wie die folgenden Informationen …

- So manches Tier ist queer, die meisten **Giraffen** sind bisexuell.
- **Frauen als tödliche Gefahr?** In einer Studie der Universität Valencia ist belegt, dass attraktive Frauen das Risiko für Herzkrankheiten bei Männern deutlich erhöhen. Bereits ihre Gegenwart genügt, um die Ausschüttung des Stresshormons Cortisol zu erhöhen, was im schlimmsten Fall zu Herzinfarkten führen kann.
- **Die Stimme von Frauen** bewegt sich bereits Tage vor dem

Eisprung in einem höheren Frequenzbereich. Dahinter steckt wahrscheinlich die Absicht von Mutter Natur, die Attraktivität gegenüber dem anderen Geschlecht in dieser für Nachwuchs günstigen Zeit zu erhöhen.

- **Macker** nennt man abwertend einen Mann, der sich übertrieben männlich darstellt. Macker ist aber auch eine alte Bezeichnung für kastrierte Hengste des Hausesels.
- Es wird behauptet, dass jeder Mensch im Durchschnitt bis zu 200-mal täglich lügt. Wenn das so ist, stehen Männer noch schlechter da: Über sie heißt es, dass sie bis zu 20 Prozent mehr **Lügen** in die Welt setzen als Frauen.
- Das englische Wort *testify* hat seine Herkunft in der Tatsache, dass römische Männer vor Gericht hoch und heilig auf ihre *testis* – Hoden – schwören mussten.

Sozialkunde

Beeindrucken Sie Ihre Schüler mit ihrem geradezu weltbürgerlichen Wissen über die Verhältnisse in der internationalen Gesellschaft, sowohl was die Schule betrifft als auch im Allgemeinen. Ihre Schüler werden staunen!

Beginnen wir mit Wissen über den Durchschnittsbürger:

- Otto Normalverbraucher, neben Max Mustermann weitverbreiteter fiktiver Bundesbürger, heißt bei der Bundeswehr Gefreiter Dosenkohl und wird in der Marine Hein Janmaat genannt. Dieselbe nicht existente Person heißt in Italien

Pinco Pallino oder Mario Rossi, in den USA ist es John Doe, in den Niederlanden Jan Modaal, in der Türkei Ali, Ahmet oder Mehmet ohne Angabe eines Nachnamens.

- In Polen lebt Jan Kowalski, in Österreich Herr Österreicher, in der Slowakei Jozko Mrkvicka, in Israel der Einfachheit halber Israel Israeli oder früher Moische Suchmir.
- In Frankreich heißt der Mann auf der Straße Monsieur Dupont, in Norwegen Ola Nordmann, in Finnland lebt Durchschnittsmensch Matti Meikäläinen, der Durchschnittsschwede heißt Medel-Svensson, sein dänisches Gegenstück ist Herr Sørensen. In Estland wohnt Jaan Tamm, im Nachbarland Lettland besetzt Janis Berzins den Platz des Normalbürgers.
- In Spanisch sprechenden Ländern redet man von Fulano – irgendwer –, wenn es um den gewöhnlichen Bürger geht.
- In Thailand lebt Nai-Gor (Herr Gor) oder auch einfach Somchai. Australiens Standardbürger heißt Joe Bloggs, Herr Zhang San wohnt in China, und in Japan lebt Kimura Hanako.

Nun zu den Frauen:

- Maria Rossi oder Bianca Rossi heißt die normale Frau in Italien; in den USA hat sie eine Schwester in Jane Doe. Sicher kennt sie auch die deutsche Normalfrau Erika Mustermann.
- In der Türkei genügt der Vorname Ayse, Hatice oder Fatma. In Österreich spricht man von Frau Österreicher, Israel wird durch Israela Israeli würdig vertreten. Für Frankreich en-

gagiert sich Madame Durand, Norwegen nennt seine ganz normale Frau Kari Nordmann. Finnland hat seine Maija Meikäläinen. Estlands weibliche Vertreterin nennt sich Tädi Maali – wörtlich: Tante Amalie –, in Australien hält Josephine Bloggs den Platz für alle Frauen frei so wie Yamada Hanako für Japan. Kenias Frauen vertritt Wanjiku.

- Die Menschen auf diesem Planeten missverstehen sich in etwa **6500 Sprachen**. Gut die Hälfte davon wird von sehr wenigen Individuen gesprochen, oft sind es nur 20.
- Jeder zweite Chinese versteht kein **Mandarin**, die chinesische Hochsprache. Sie wird nur von 53 Prozent der Chinesen verstanden. Die übrigen Bewohner des riesigen Reichs verständigen sich in Mi, Wu, Kantonesisch oder in einem der unzähligen lokalen Dialekte.
- Das Vorrecht des Älteren: In Bhutan darf der jüngere Bruder nur Sex haben und/oder sich verheiraten, wenn seine älteren Brüder verheiratet sind. Auch wenn der jüngere schon die Frau fürs Leben gefunden hat, kann er erst Hochzeit halten, wenn dies auch sein älterer Bruder getan hat.
- Im jüdischen Kulturkreis gibt es das **Levirat**, auch Schwagerehe genannt: Der Bruder eines kinderlos Verstorbenen darf dessen Witwe heiraten. Das sichert die Stellung der Witwe in der Familie und das Familienerbe.
- In **Singapur** zahlt man umgerechnet 120 Euro Strafe, wenn man vergisst, nach dem Toilettenbesuch zu spülen.
- In **North Dakota** dürfen Bier und Brezeln nicht gleichzeitig

auf den Tisch kommen. In Bayern würde eine solche gesetzliche Regelung einen Volksaufstand auslösen.

- Der ganz besondere Schulweg: In **Japan** wurde eine Bahnlinie für nur einen einzigen Fahrgast in Betrieb gehalten. Eine Gymnasiastin aus dem 36-Seelen-Dorf Engaru/Hokkaido fuhr morgens um 7:17 Uhr an der Station Kami Shirataki ab und kam nach der Schule am Nachmittag wieder zurück. 2016 – nach dem Schulabschluss des Mädchens – wurde die Bahnlinie geschlossen.
- In **Schweden** heißt die Mutter *mor*, die Großmutter *mormor* und Urgroßmutter heißt allen Ernstes *gammelmormor*.
- In **Hongkong** gibt es eine Regel, die mancher Lehrer auch für unsere Schulen begrüßen würde: Schüler, die während des Unterrichts schwätzen, dürfen mit einem einfachen Mittel ruhiggestellt werden. Sie bekommen ein Pflaster über den Mund geklebt.
- Auf der anderen Seite, nämlich im Bundesstaat **Victoria/ Australien**, ist der Besitzer einer Bar verpflichtet, das Pferd seiner Kunden zu füttern, zu tränken und gegebenenfalls in einem Stall unterzubringen.
- **Deutsche Schulkinder** sind nicht für ihren freundlichen Umgang mit den Reinigungskräften ihrer Schulen bekannt. Sie lassen ihren Müll herumliegen und stellen ihre Stühle nicht hoch. Oft findet man dann am Folgetag einen wütenden Hinweistext der Reinigungskraft auf der Tafel. Ganz anders in Japan. Japanische Schüler sind nämlich für die Sauberkeit ihrer Klassenzimmer selbst verantwortlich, Rei-

nigungskräfte für die Klassenzimmer werden von den Schulen nicht beschäftigt. Sogar für ihr Essen müssen die japanischen Schüler selbst sorgen, denn Kantinen gibt es nicht.

- In **Nogales, Arizona/USA** ist es per Gesetz verboten, in der Öffentlichkeit Hosenträger sichtbar zu tragen.

Sport

Laufen, Springen, Werfen und noch so viel mehr kann Inhalt des Sportunterrichts sein! So war 1904 Sackhüpfen noch eine Olympische Sportart. Von 1912 bis 1948 zählten sogar Malerei, Bildhauerei, Architektur, Literatur und Musik zu den olympischen Disziplinen.

- In **Finnland** gibt es Meisterschaften in ganz besonderen Sportdisziplinen, zum Beispiel Frauentragen, Melkschemelweitwurf, Mückenfangen, Sumpf-Fußball, Saunieren und Luftgitarrespielen. Auch Beerenpflücken wird als Sportart betrieben. Der Weltrekord in der Disziplin Preiselbeeren liegt im Augenblick bei 27,98 Kilogramm pro Stunde.
- Wer nicht allzu viel Geld in eine Sportausrüstung stecken möchte, kann in **Neuseeland** Nacktrugby spielen. Das ganze Team trägt absolut nichts, nicht einmal einen Schutz für die edelsten Körperteile. Besonders beeindruckend ist es, wenn die unbekleidete Mannschaft, wie es traditionell üblich ist, vor jedem Spiel den Haka aufführt, den Kriegstanz der Maori.
- **Cheerleading mit Pompoms** findet sich das erste Mal auf einer mittelalterlichen Darstellung. Das erste Cheerleader-

Team der Neuzeit formierte sich am 2. November 1898 bei einem Endspiel im American Football zwischen den Teams der University of Minnesota und der Northwestern University. Die Mannschaft sollte mit Anfeuerungsrufen unterstützt werden. Zum Team gehörten ausschließlich Männer. Erst in den nachfolgenden Jahren wurden nach und nach auch Frauen als Cheerleader zugelassen.

- Als das deutsche Team 1989 erstmals in der **Fußball-Europameisterschaft der Frauen** siegte, erhielten die Spielerinnen von den Herren des Deutschen Fußballbunds (DFB) als Siegprämie ein Kaffeeservice mit blauen, gelben und roten Blümchen, 41 Teile insgesamt, Produktlinie »Mariposa« von Villeroy & Boch. Kritiker meinten, das sei die PAMS – die peinlichste aller möglichen Siegprämien.

Ganz besondere Unterrichtsfächer

Der ganze Fächerkanon gefällt Ihnen nicht? Auch in Deutschland gibt es einzigartige Wahlfächer. So zum Beispiel Wasserballett, Wasserski, Kryptologie oder Bienenkunde.

- In den USA sind Surfen, Jazz Dance, Gewichtheben, Kostümdesign und viele andere Themengebiete als Unterrichtsfächer an den Highschools verfügbar.
- Mehr als die Hälfte der Deutschen wünscht sich die Einführung von »Benehmen« als Pflichtfach in der Schule. Für 24 Prozent der Bundesbürger würde es reichen, wenn es zumindest als Wahlfach angeboten werden würde.

Small Talk statt Unterricht

Auch als Lehrer muss man nicht unentwegt unterrichten, sondern kann auch mal mit Schülern oder Kollegen schwatzen. Damit man nicht immer das Wetter strapazieren muss, hier ein paar unterhaltsame Gesprächsthemen.

- Das Eis am Stiel soll 1905 der elfjährige Frank Epperson in Kalifornien zufällig erfunden haben. Er ließ in einer Winternacht ein Glas Limonade auf der Veranda seines Elternhauses stehen. Die Flüssigkeit fror ein, drinnen steckte ein Rührholz.
- Das mit Plastik eingefasste Ende am Schnürsenkel wird Nadel genannt.
- Der Erfinder des Bikinis war nicht etwa Modeschöpfer, sondern Maschinenbauingenieur.
- Eine Kalenderabsonderlichkeit: Fällt der 1. Mai z. B. auf einen Montag, so fängt im betreffenden Jahr kein anderer Monat mit einem Montag an.
- Man will dies, bekommt aber das: Paul Beiersdorf wollte 1882 ein neues Heftpflaster entwickeln, aber der verwendete Kleber reizte die Haut zu stark. Letztlich vermarktete er das Produkt als Tesafilm.
- Zigaretten der Marke Marlboro hatten früher einen Filter in Rosa, weil man darauf Lippenstift nicht sehen konnte.
- Je nach verwendeter Plastiksorte kann es bis zu 50 000 Jahre dauern, bis sich ein Gegenstand aus Kunststoff aufgelöst hat.

POLITSPRECH

Falls Ihnen die Rolle des Unterrichtenden nicht mehr attraktiv erscheint und Sie finden, dass es an der Zeit ist, künftig die Interessenvertretung des Lehrerberufs im Bundestag zu übernehmen, seien Sie hier vor der Sprache der Politik gewarnt.

Es verhält sich damit nämlich so: Ich höre, was du sagst, aber ich weiß nicht, was du meinst – wer den Sinn hinter dem Wortgeschwurbel politisch aktiver Zeitgenossen finden will, muss sorgfältig danach suchen und findet meist nicht das, was man auf den ersten Blick hätte vermuten können …

- **Belastbar**: a) Belastbar sind in Korruptionsprozessen Aussagen, wenn sie auch kritisch nachfragenden Journalisten und bohrenden Fragen von eventuell ermittelnden Haftrichtern standhalten können. b) Auf andere Weise belastbar sind Arbeitnehmer, wenn man ihnen ständig den Lohn kürzt und sie sich dennoch nicht ins Hartz-IV-Paradies verabschieden; früher hießen solche Menschen Lumpenproletariat und ihre Chefs kapitalistische Ausbeuter.
- **Blackout** – diese in der Politik besonders beliebte Form des Denkaussetzers macht in schöner Eindringlichkeit klar, was sich im Gehirn einer betroffenen Person in diesem Fall abspielt: nämlich nichts. So schön kann das kein deutsches Wort, allenfalls noch .... Moment, ich habe gerade einen Blackout ...
- **Entscheidungshilfe** – Umschreibung aus der Sprache der Korruption; die Entscheidungshilfe wird meist in bar aus-

gezahlt; seit dem Mannesmann-Managerprämien-Prozess sind auch die Begriffe Ackermann-Abgabe oder Esser-Pauschale in Gebrauch.

✎ **Entsorgungspark** – Euphemismus für eine stinkende Müllkippe oder ein strahlendes Atommülllager; vor allem die Erfinder dieses Begriffs sollten dort ihre letzte Ruhestätte finden.

✎ **Erfahrungswerte** – unnötig in ihrem Wert aufgemotzte Erfahrungen.

✎ **Erschwerend** – gern benutztes Adverb im Sprachgebrauch von Bedenkenträgern; meist kommt erschwerend hinzu, dass der restliche Satz in ähnlichem Amtsdeutsch verfasst worden ist.

✎ **Ethnische Nische** – Soziologen- und Politiker-Slang für das Vorstadtghetto mit Einwanderern bestimmter Herkunft.

✎ **Etwas nicht ausschließen können** – Phrase, die deutsche Politiker regelmäßig anwenden, wenn sie um den heißen Brei herumreden.

✎ **Exzellenzinitiative** – Verschleierungsbegriff für größere Ausgaben im Bildungssektor; teurer Ausbau der Bildungsperspektiven für diejenigen, die sie ohnehin schon haben.

✎ **Feuchtbiotop** – pandemisch verbreiteter Begriff für jede irgendwie ökologisch gemeinte Pfütze; während der irregegangene deutsche Wanderer früher im Morast eines Sumpfes versank, kompostiert er heute in einem Feuchtbiotop. Die kluge Frage, ob es eigentlich auch Trockenbiotope, Heiß- oder Nassbiotope gibt, wird in Deutschland kaum gestellt.

- **Flexibel** – zur Selbstausbeutung bereit.
- **Genitiv, verlautbarungsmäßiger**: Und ja, er wird tatsächlich überleben, der echte besitzanzeigende Genitiv, wenn auch nur in amtlichen Verlautbarungen und notariellen Schriftstücken: »Der Besitzer des Grundstückes Lustheide 35 wird von amtlicher Seite angewiesen, seine Aktivitäten zum Zwecke der kommerziellen Auswertung sexueller Bedürfnisse aufrechter Bundesbürger ...«
- **Gesamtzusammenhang** – will wohl noch größer als der Zusammenhang wirken; kommt nahezu ausschließlich in der Wendung »etwas aus dem Gesamtzusammenhang reißen« vor und wird vor allem benutzt, um verbale Entgleisungen zu entschuldigen oder – noch besser – vergessen zu machen.
- **Innovationen** werden in jeder Sonntagsrede gefordert, dann von den an deutscher Bürokratie verzweifelnden Erfindern ins Ausland verkauft.
- **Kostenneutral** – Politiker-Verschleierungs-Deutsch: etwas kostet nichts, jedenfalls nicht mich.
- **Liberal** – euphemistisch umschreibend für turbokapitalistisch.
- **Liquidieren** – eigentlich: in den flüssigen Zustand versetzen, zum Beispiel eine Firma schließen, die Belegschaft rausschmeißen und den Rest als Bargeld flüssig machen.
- **Machbarkeitsstudie** – Studie, in der Experten wissenschaftlich erläutern, warum etwas machbar bzw. undurchführbar ist. Das Ergebnis der Studie hängt jeweils davon ab, wer die Experten bezahlt.

- **Migrant** – politisch korrektes Quälwort, eigentlich mit dem Sinn »Wanderer«, aber wie die Raumpflegerin verschleiernd. Die offizielle Sprachregelung landete letzten Endes bei diesem Begriff, weil alle anderen (Gastarbeiter, Fremdarbeiter, ausländische Mitbürger, EmigrantInnen, ImmigrantInnen, Nichtdeutsche, Ausländer usw.) diskriminierend klingen.
- **Migration** – weltweit beliebte Form des massenhaften globalen Wanderns, in der Regel von Arm nach Reich; neu ist die sogenannte zirkuläre Migration, die neue Form des Gastarbeiterunwesens vergangener Tage: Ausländer kommen lassen – Zeitvertrag – ausbeuten – zurückschicken – saubere Sache fürs Kapital!
- **Migrationshintergrund** – Erfindung des Statistischen Bundesamtes für Menschen, die von einem Ort kommen, in Abgrenzung zu denen, die immer am selben Platz gesessen haben.
- **Multimodularer Verkehrsteilnehmer** – Expertengeschwafel; Mensch, der im alltäglichen Verkehrsgeschehen mehrere Verkehrsmittel nutzt, unter anderem auch das Fahrrad.
- **Nachhaltig** – wird inzwischen auch da verwendet, wo schlicht dauerhaft gemeint ist; bringt ausdauernd viel Geld.
- **Planungssicherheit** – Begriff für eine der größten bekannten Politikerillusionen.
- **Pragmatismus** – a) philosophische Lehre, welche die lebenspraktische Bedeutung des Nachdenkens ins Zentrum

stellt, die b) von Politikern benutzt wird, um Veränderung zu verhindern. Standardsatz: »Das muss man doch einmal pragmatisch betrachten ...«

- **Problematik** – massiv aufgeblähtes Problem mit Potenzial für mindestens einen Untersuchungsausschuss und drei Krisensitzungen (selbstverständlich mit Sitzungsgeld).
- **Reform** – der in Deutschland stets missglückende Versuch der Veränderung von etwas, z. B. bestehender Ordnungsstrukturen (Rechtschreibreform, Gesundheitsreform ...); Reformversuche führen immer zum Reformstau.
- **Rentnerschwemme** – Begriff für die politisch und wirtschaftlich lästige Anhäufung älterer Menschen mit finanziellen Ansprüchen an den Staat; entwickelt sich durch die abnehmende Kinderzahl in deutschen Familien gerade zum Senioren-Tsunami.
- **Sachzwang** – Vernebelungsbegriff von Politikern, die sich weder inhaltlich noch finanzpolitisch bewegen wollen.
- **Sicherheitsbeauftragter** – der arme Typ, der nur angestellt wurde, um nach Eintritt der Katastrophe verantwortlich gemacht und gefeuert zu werden.
- **Soziales Netz** – Sicherheitseinrichtung; in den letzten beiden Jahrzehnten immer grobmaschiger.
- **Sparzwang** – Vokabel aus dem Sprachschatz der Politikerlügen; wird gern angeführt, um über die vorhandenen Gelder anderweitig verfügen zu können, z. B. für Diätenerhöhungen. Enger Verwandter des Sachzwangs, der die finanzielle Wahrheit oft noch effektiver verschleiert.

- **Strategie** – Blähwort für Planung; Menschen, die ihre Strategie loben, haben meist die Planung sträflich vernachlässigt.
- **Synergieeffekte** – Verschleierungsbegriff aus dem Heuschrecken-Vokabular: Durch die Zusammenlegung von zwei Konzernen oder Standorten werden Tausende Arbeitsplätze vernichtet, aber Milliarden an Gewinn gemacht.
- **Unterprivilegiert** sagte man früher, bevor die Unterschicht und später das Prekariat in Mode kamen.
- **Vorwärtsverteidigung** – im Klartext: Ich mach dich lieber schon mal präventiv tot, weil du vielleicht mich totmachen wollen könntest ...
- **Wertegemeinschaft** – der Versuch, intelligenteren Menschen, die bereits bemerkt haben, dass wir längst nicht mehr alle in einem Boot sitzen, das Gefühl einer Zusammengehörigkeit aufzulabern.

DOKTORTITEL

Wurden Sie promoviert? Für den Lehrerberuf ist das nicht unbedingt nötig, aber durchaus der Karriere förderlich – speziell im Gymnasialbereich. So ein Doktortitel macht was her. Mancher, der keinen hat, wünscht sich unbedingt, die Buchstaben »Dr.« vor den Namen stellen zu dürfen.

Schlecht, wenn man ihn wieder abgeben muss

Noch vor ein paar Jahren war es eine persönliche Katastrophe, wenn ein Plagiat in der Doktorarbeit entdeckt wurde. Menschen traten von ihren Ämtern zurück – und zwar so was von zurück, zurücker geht es nicht. Heute geht die Tendenz bei den Plagiatoren in eine andere Richtung: verbindlich grinsen und versuchen, die Sache irgendwie auszusitzen, ohne seine Privilegien zu verlieren.

- **Carl-Theodor zu Guttenberg (CSU)** wurde nicht nur von der Universität Bayreuth der Titel entzogen. Er trat auch noch als Bundesverteidigungsminister zurück. So gehört sich das.
- **Silvana Koch-Mehrin (FDP)** entzog die Universität Heidelberg die höheren akademischen Weihen. Der Grund: Die Europapolitikerin hatte Teile der Doktorarbeit schlicht abgeschrieben.
- **Jorgo Chatzimarkakis (FDP)**, ebenfalls Europapolitiker, verlor seinen an der Universität Bonn erworbenen Doktortitel nach Überprüfung seiner Dissertation.
- **Margarita Mathiopoulos (FDP)** wurde nach erster Kritik Anfang der 90er-Jahre ihren Titel im Jahr 2012 los. So lange brauchte die Universität Bonn für die Aberkennung.
- **Annette Schavan (CDU)**, ab 2005 ausgerechnet als Bundesministerin für Bildung und Forschung im Einsatz, verlor ihren Doktortitel nach Prüfung durch die Universität Düsseldorf im Jahr 2013 – Rücktritt. Zum Trost wurde sie deutsche Botschafterin beim Heiligen Stuhl. Vermutlich, weil sie dort unter ihresgleichen sein kann.

- **Franziska Giffey (CDU)** hat zwar an 119 Stellen abgeschrieben, darf aber, so die Freie Universität Berlin, ihren Doktortitel der Politikwissenschaften behalten. Die Universität erteilte ihr lediglich eine Rüge.
- **Ursula von der Leyen (CDU):** Es gibt wohl kaum ein Amt, das sie noch nicht innehatte, sie ist einfach multikompatibel, das Universalwerkzeug der deutschen Politik. Gleichgültig wo und wie, die Föhnwelle sitzt. Nur ihre Doktorarbeit … ja, sie gibt zu, dass sie Fehler gemacht hat, man kann es »schlechtes Zitieren« nennen oder auch »ein bisschen abgeschrieben«, aber sie darf ihren Doktortitel behalten. Man gewinnt den Eindruck, dass er ohnehin nichts mehr wert ist. Wie wäre es mit einer Auszeichnung des Fähnleins Fieselschweif, zum Beispiel dem Blitzorden für schnelle Schnabeltierrettung?

So macht man den Doktor

Lesen Sie hier nach, wie andere »den Doktor machen« oder gemacht haben. Vielleicht gewinnen Sie dann wieder etwas mehr Ehrfurcht vor der wichtigsten Auszeichnung der akademischen Welt.

- Qualität statt Quantität oder auch nichts von beidem: Die kürzeste Doktorarbeit Deutschlands, vielleicht der ganzen Welt, reichte eine Studentin der Universität Münster ein. Die Arbeit hat eine Länge von drei Seiten zuzüglich einer Tabelle und eines Bildes. Thema ihrer Arbeit war »Naturmedizin gegen Impotenz im mittelalterlichen Persien«. Ihr Doktortitel – er wurde ihr erteilt – ist allerdings umstritten, da ihrem Doktorvater vorgeworfen wird, in mehrere Plagiatsfälle verwickelt zu sein. Zudem ist der eingereichte Text noch nicht einmal etwas Neues: Die Doktorandin und ihr Professor hatten den identischen Text bereits vorher gemeinsam als Aufsatz veröffentlicht.

Die vermutlich längste Doktorarbeit der Welt verfasste ein Student an der Universität Konstanz. Der Historiker Joachim Schuhmacher schaffte es mit seiner 2205 Seiten langen Arbeit über die Entwicklung des Segelsports sogar ins *Guinness-Buch der Rekorde*. Ursprünglich war der Text sogar 2654 Seiten lang. Sein Doktorvater, Professor Lothar Burchardt, warf Schuhmacher allerdings auch in der finalen Fassung noch vor, den Text nicht ausreichend zusammengekürzt zu haben.

Welche Gemeinsamkeiten hat die Kleinstadt Springfield aus der Serie *Die Simpsons* mit dem realen Amerika? Diese Frage beschäftigte die Soziologin Carina Schierz so sehr, dass sie dem Thema im Jahr 2010 ihre Doktorarbeit widmete. Sie trug den Titel »Die Simpsons, Springfield und die USA. Was wirklich hinter der gelben Kleinstadt steckt« und verglich auf 188 Seiten demografische, ethnische und religiöse Aspekte. Die Gemeinsamkeiten sind groß.

Wladimir Putin wird vorgeworfen, er habe große Teile seiner Doktorarbeit aus einem US-amerikanischen Ökonomielehrbuch der Universität Pittsburgh übernommen. Auch wird behauptet, Putins Doktorarbeit stamme eigentlich von Wladimir Litwinenko, dem Rektor der Bergbau-Hochschule St. Petersburg, an der Putin promovierte. Litwinenkos Karriere und dessen Reichtum sind immer wieder Gegenstand entsprechender Spekulationen.

- Doktortitel mit Verspätung: Die deutsche Halbjüdin Ingeborg Rapoport benötigte für den Erhalt ihres Doktortitels 77 Jahre und erhielt ihn erst im Alter von 102 Jahren. 1937 hatte sie ihre Doktorarbeit an der Hamburger Universität eingereicht, die mündliche Prüfung wurde ihr von den Nazis allerdings aufgrund ihrer jüdischen Herkunft verweigert. 2015 holte sie diese schließlich nach und bestand nach wissenschaftlichen Standards des Jahres 2015 »magna cum laude«. Sie ist damit die älteste Person weltweit, die je einen Doktortitel erhalten hat.

Doktorarbeit – die Themen

Doktorarbeiten gibt es über allerlei kuriose Themen, denn das Thema suchen sich die Studenten in der Regel selbst. So zum Beispiel »Untersuchungen zur Farbwahrnehmung beim Goldfisch *Carassius auratus*« oder »Objektive Schläfrigkeitsmessung unter Alkoholeinfluss«. Hier die Titel der Arbeiten einiger prominenter Zeitgenossen:

- **Dr. Alfred Biolek** (Moderator): »Die Schadensersatzpflicht des Verkäufers und des Herstellers mangelhafter Waren nach englischem Recht«.

- **Dr. Angela Merkel** (Bundeskanzlerin): »Untersuchung des Mechanismus von Zerfallsreaktionen mit einfachem Bindungsbruch und Berechnung ihrer Geschwindigkeitskonstanten auf der Grundlage quantenchemischer und statistischer Methoden«.
- **Dr. Anton Hofreiter** (Die Grünen): »Die infragenerische Gliederung der Gattung Bomarea Mirb. und die Revision der Untergattungen Sphaerine (Herb.) Baker und Wichuraea (M. Roemer) Baker (Alstroemeriaceae)«.
- **Dr. Barbara Hendricks** (ehemalige Bundesumweltministerin): »Die Margarineindustrie am unteren Niederrhein im ausgehenden 19. und beginnenden 20. Jahrhundert«.
- **Dr. Brian May** (Gitarrist der Band Queen und Astrophysiker): »Die Reflexion von Sonnenlicht durch interplanetare Staubpartikel«.
- **Dr. Eckart von Hirschhausen** (Moderator und Mediziner): »Wirksamkeit einer intravenösen Immunglobulintherapie in der hyperdynamen Phase der Endotoxinämie beim Schwein«.
- **Dr. Edmund Stoiber** (CSU): »Der Hausfriedensbruch im Lichte aktueller Probleme«.
- **Dr. Gabriele Metzger** *(Verbotene Liebe)*: »Können Schauspieler lieben?«.
- **Dr. Gianna Nannini** (Sängerin): »Die Beziehung von Körper und Stimme an Beispielen von Janis Joplin, den Gesängen Nepals bis hin zu den Griottes, den singenden Zeremonienmeisterinnen des westafrikanischen Staates Mali«.

- **Dr. Gregor Gysi** (Die Linke): »Zur Vervollkommnung des sozialistischen Rechts im Rechtsverwirklichungsprozess«.
- **Dr. Helmut Kohl** (ehemaliger Bundeskanzler): »Die politische Entwicklung in der Pfalz und das Wiedererstehen der Parteien nach 1945«.
- **Dr. Joseph Ratzinger** (ehemaliger Papst): »Volk und Haus Gottes in Augustins Lehre von der Kirche«.
- **Dr. Mariele Millowitsch** (Schauspielerin und Tiermedizinerin): »Perkutane partielle Disektomie als alternative Behandlungsmethode beim Bandscheibenvorfall des Dackels«.
- **Dr. Michael Groß** (ehemaliger Profischwimmer und Germanist): »Ästhetik und Öffentlichkeit: die Publizistik der Weimarer Klassik«.
- **Dr. Peter Ramsauer** (CSU): »Wirtschaftliche Ziele und Effekte der Gebietsreform in Bayern«.

WAS LEHRER DÜRFEN – UND WAS NICHT

Als erfahrener Pädagoge wissen Sie natürlich ganz genau, was Sie dürfen und was nicht und wie Sie Ihre Maßregelungen und Erziehungsmaßnahmen zu begründen haben. Aber vielleicht haben Sie manches auch wieder vergessen – oder Sie sind ganz neu im Geschäft und müssen Ihre rechtlichen Möglichkeiten erst noch kennenlernen.

- ✓ **Strafarbeiten** und **Nachsitzen** sollen dazu dienen, die durch Fehlverhalten wie Störungen oder unentschuldigtes

Fehlen verpassten Unterrichtsstunden aufzuholen. Beide Maßnahmen dürfen nicht als rein disziplinarische Strafe oder zur Klärung der Machtverhältnisse angeordnet werden.

- ✓ Als Maßnahme gegen das Fehlverhalten eines Schülers dürfen Lehrer auch einen **Verweis** erteilen. Dieser wird ins Klassenbuch oder in die Schulakte eingetragen, die Eltern werden schriftlich informiert. Im Fall einer schlimmen Verfehlung kann auch das **Jugendamt** informiert werden.
- ✓ Wenn die Nutzung von **Smartphones** laut Schulordnung untersagt ist, kann der Lehrer diese den Schülern abnehmen. Am Ende des Schultages müssen die Geräte aber wieder zurückgegeben werden.
- ✓ Lehrer können Schüler dazu auffordern, von ihnen verursachte Verschmutzung oder Schäden am **Schuleigentum** zu beseitigen.

Lehrer dürfen auf keinen Fall …

- ✗ ... persönliche Nachrichten der Schüler vor der Klasse vorlesen, gleichgültig ob Liebesbrief oder Beschimpfung.
- ✗ … das Smartphone durchsuchen, zum Beispiel persönliche Nachrichten.
- ✗ … den Schulrucksack durchsuchen.
- ✗ … die (schlechten) Noten von Klassenarbeiten laut vorlesen, wenn dadurch Schüler herabgesetzt werden.
- ✗ … die Würde von Schülern verletzen, zum Beispiel durch unsinnige körperliche Strafen wie Kniebeugen oder Liege-

stütze, In-die-Ecke-Stellen oder Strafarbeiten wie das Abschreiben der Schulordnung oder »Schreibe 100 Mal …«.

- ✗ … Gewalt anwenden oder Schüler verletzen. Es droht eine Anzeige wegen Körperverletzung durch die Eltern.
- ✗ … Kollektivstrafen aussprechen. Wenn der Lehrer für das Vergehen Einzelner die ganze Klasse bestraft, nehmen Unschuldige dadurch Schaden – das verbietet das Gesetz.
- ✗ … Schüler daran hindern, zur Toilette zu gehen.

PÄDAGOGEN, DIE MAN KENNEN SOLLTE

Die folgenden Personen hatten in der einen oder anderen Weise eine Bedeutung für die Entwicklung der pädagogischen Wissenschaften und angrenzender Forschungsgebiete. Einen Einblick in die Denkweise dieser großartigen Menschen liefert ein aussagekräftiges Zitat.

Große Worte

Die Freiheit des Menschen liegt nicht darin, dass er tun kann, was er will, sondern, dass er nicht tun muss, was er nicht will.

Jean-Jacques Rousseau (1712–1778),
Frankreich, »Entdecker der Kindheit«

Dein Kind sei so frei es immer kann. Lass es gehen und hören, finden und fallen, aufstehen und irren.

Johann Heinrich Pestalozzi (1746–1827),
Schweiz, Pädagoge und Sozialreformer

Die Quelle alles Guten liegt im Spiel.

Friedrich Fröbel (1782–1852),
Thüringen, Begründer des Kindergartens

Gehe vom Anschaulichen aus und gehe von da aus zum Begrifflichen fort, vom Einzelnen zum Allgemeinen, vom Konkreten zum Abstrakten, nicht umgekehrt.

Adolph Diesterweg (1790–1866), Preußen, naturgemäße Erziehung

Lerne, vergleiche, sammle die Fakten!

Iwan Pawlow (1849–1936),
Russland, Verhaltensforschung

Das ist die beste Schule, in der bei der ernstesten Arbeit am meisten gelacht werden soll.

Alfred Lichtwark (1852–1914),
Hamburg, Reformpädagoge, Kunsterzieher

Bildung ist das, was übrig bleibt,
wenn alles Gelernte vergessen ist.

Georg Kerschensteiner (1854–1932),
Bayern, Begründer der Arbeitsschule

Der kleinste Erdenmensch, ein Sohn der Ewigkeit, besiegt in immer neuen Leben den alten Tod.

Rudolf Steiner (1861–1925), Weimar, Anthroposophie, Reformpädagoge

Kinder sind Gäste, die nach dem Weg fragen.

Maria Montessori (1870–1952), Italien, Reformpädagogin

Kinder sind doch nötig auf der Welt, und gerade so, wie sie sind.

Janusz Korczak (1878-1942),
Polen, Kinderbuchautor, Pädagoge

Es gibt kein problematisches Kind, es gibt nur problematische Eltern.

Alexander Sutherland Neill (1883–1973),
Schottland, Reformpädagoge (Summerhill, antiautoritäre Erziehung)

Voneinander lernen, miteinander arbeiten, füreinander leben.

Peter Petersen (1884–1952), Jena, Reformpädagoge (Jena-Plan)

Wie können wir mit unseren erwachsenen Köpfen wissen, was für ein Kind interessant sein könnte? Wenn du diesem Gedanken folgst, kannst du etwas Neues entdecken.

Jean Piaget (1896–1980), Schweiz, Lernpsychologe

Wahre Bildung ist Praxis, Reflexion und Aktion des Menschen auf der Welt, um sie zu transformieren.

Paulo Freire (1921–1997), Brasilien, Befreiungspädagogik

Kinder in Ruhe lassen – eher weniger tun als mehr.

Hartmut von Hentig (*1925), Bielefeld, Laborschule

Pädagogen in Literatur, Film und Fernsehen

Es ist kaum zu glauben, wie oft Schule und der Lehrerberuf in fiktionalen Kunstwerken in Wort und Bild thematisiert werden. Deshalb kann im Folgenden nur eine kleine Auswahl genannt werden.

- **Professor Primus von Quack**, ursprünglich Bürger der Stadt Wien, nun Universitätsprofessor in Entenhausen, hat alles studiert, was man studieren kann, besitzt 166 Doktorhüte und 92 Staatsexamina. Er ist verheiratet mit Mathilda Duck, der Schwester von Dagobert Duck.
- Der Englischlehrer **John Keating** aus dem Film *Der Club der toten Dichter* wird von seinen Schülern stets mit dem Satz »O Captain! My Captain!« begrüßt.
- **Lehrer Lämpel,** erfunden von Wilhelm Busch, ist ein strenger und stocksteifer Pädagoge des 19. Jahrhunderts und hat in der Bildergeschichte *Max und Moritz* deren vierten Streich zu ertragen: die Sprengung seiner Tabakpfeife mit Schwarzpulver.

- **Professor Unrat**, 1905 von Heinrich Mann erschaffen, ist eine skurrile Lehrerfigur. Gymnasiallehrer Raat, ein tyrannischer Schrecken seiner

Schüler, erliegt den Verführungskünsten der Tänzerin Rosa Fröhlich, verliebt sich um Kopf und Kragen und ruiniert seine bürgerliche Existenz. In der Verfilmung des Romans unter dem Titel *Der blaue Engel* spielt Marlene Dietrich die Tänzerin, die auf der Leinwand Lola-Lola heißt.

Lehrer **Dr. Johannes Bökh** hilft in Erich Kästners Kinderbuch *Das fliegende Klassenzimmer* seinen Schülern beim Verfassen und der Aufführung eines Theaterstücks – und verhilft ihnen zugleich zu Zivilcourage und innerer Stärke. Es geht um Menschlichkeit und Freundschaft. Erich Kästner ist Namenspatron zahlreicher Schulen im ganzen Land, hatte von seiner eigenen Schule aber kein besonders gutes Bild und bezeichnete sie abschätzig als »Kinderkaserne«. Er selbst habe nie vergessen, wie schlecht er sich fühlte, als er 1906 zum ersten Mal in der Schule saß, und beschrieb das Gebäude als »grauen, viel zu groß geratenen Ankersteinbaukasten«.

Die Erzieherin **Fräulein Prysselius**, von Pippi ziemlich respektlos **Prusseliese** genannt, ist zwar keine Figur aus den Büchern von Astrid Lindgren, versucht aber in den Verfilmungen immer wieder, Pippi ins Kinderheim zu stecken.

Professor Crey, genannt »Schnauz«, **Direktor Knauer** (»Zeus«) und **Professor Bömmel** sind Lehrer aus dem Film *Die Feuerzangenbowle*, in dem Heinz Rühmann als Oberprimaner Johannes Pfeiffer das ganze Erziehungsinstitut von einem in den nächsten Schülerstreich stolpern lässt.

- **Professor Severus Snape** ist ein knochenharter Pädagoge und Harry Potters Lehrer für Zaubertränke. Eine Koryphäe auf dem Gebiet der Verteidigung gegen die schwarzen Künste, ist er dennoch alles andere als beliebt, weil er die Schüler, ganz nach Gusto, unterschiedlich und oft ungerecht behandelt. Er möge hier für die vielen anderen Lehrer in Hogwarts, School of Witchcraft and Wizardry, stehen.
- **Lehrer Hühnerbrüh** ist eine äußerst humorvolle Figur in René Goscinnys berühmtem Buch *Der kleine Nick und die Schule*, das Jean-Jacques Sempé illustriert hat. Eigentlich heißt er Hühnerfeld, im französischen Original Monsieur Dubon, wobei *dubon* Zweifel bedeutet. Er wird aber von den Schülern »Hühnerbrüh« (Le Bouillon) genannt, weil er einen pädagogischen Standardspruch benutzt: »Seht mir in die Augen!« Na ja, denken sich die Schüler, in der Hühnerbrühe sind doch Augen …
- **Elizabeth Halsey** heißt die von Cameron Diaz verkörperte Lehrerin, die in dem Spielfilm *Bad Teacher* (2011) alles andere als pädagogisch motiviert ist. Sie will möglichst schnell die Dollars für eine Brustvergrößerung zusammenbekommen, um sich einen reichen Gatten zu angeln, damit sie endlich nicht mehr arbeiten muss. Ihr Opfer ist der vermögende Aushilfslehrer Scott Delacorte (Justin Timberlake).
- Die Englischlehrerin und Ex-Marine **LouAnne Johnson** (Michelle Pfeiffer), genannt »Weißbacke«, versucht in dem Spielfilm *Wilde Gedanken* (1995), das Vertrauen von Problemschülern zu gewinnen, um sie auf die richtige Spur zu

bringen, was ihr mit recht unkonventionellen Methoden gelingt, aber natürlich Widerstand in der Schulbürokratie auslöst.

- Der frisch aus dem Gefängnis entlassene Bankräuber **Zeki Müller** (Elyas M'Barek) wird in dem Spielfilm *Fack ju Göhte* durch eine Reihe verrückter Zufälle Aushilfslehrer an der Goethe-Gesamtschule in München. Als Lehrer der Problemklasse 10b beweist er seinen gesellschaftlich ziemlich randständigen Schülern, dass er der Oberprolo ist. Der Film kam so gut an, dass zwei weitere nachfolgten.
- **Dewey Finn** (Jack Black), der in dem Spielfilm *School Of Rock* (2003) nichts anderes als Rockmusik im Kopf hat, ist pleite und rettet sich vor dem Rauswurf aus seiner Wohngemeinschaft, indem er sich einen Job als Aushilfslehrer an einer Privatschule erschleicht und das Unterrichtsfach Rockmusik einführt.
- **Schuldirektor Rooney** (Jeffrey Jones) versucht in dem Highschool-Drama *Ferris macht blau* (1986), den geradezu professionellen Schulschwänzer Ferris Bueller zu überführen – mit zweifelhaftem Erfolg, aber unterhaltsam.
- Der junge Highschool-Lehrer **Daniel »Dan« Dunne** (Ryan Gosling) möchte in dem Spielfilm *Half Nelson* (2006) seine Schüler vor dem Abdriften in die Kriminalität bewahren, hat aber selbst ein massives Drogenproblem.
- Der Chemielehrer **Walter White** (Bryan Cranston) kommt in der US-Fernsehserie *Breaking Bad* durch einen Schicksalsschlag – eine Krebserkrankung – vom rechten Weg ab

und versucht, finanzielle Mittel für seine Behandlung und die zukünftige Absicherung seiner Familie nach seinem Tod durch die Herstellung von Crystal Meth zu bekommen.

PÄDAGOGIK

Unter Naturwissenschaftlern als eines der schlimmsten Schwafelfächer verschrien, kämpft die Erziehungswissenschaft überall um ihren Status, vor allem dort, wo sie bereits Terrain gewonnen hat: in der Schule. Sorgen Sie als pädagogischer Guerillero mit Sachkenntnis dafür, dass diese Bastion gehalten wird.

Pädagogische Fachbegriffe

Im Studium hatte man eine Menge zu tun, aber kaum Zeit, sich diese übertriebene Fachsprache zu merken – wenn man doch ohnehin alles nachlesen kann, zum Beispiel hier …

- **Agrammatismus** ist es, wenn Sie nicht können bauen anständigen Satz.
- **Akroamatischer Unterricht** findet dann statt, wenn der Lehrer redet und die Schüler zuhören (sollen).
- **Andragogik** ist nichts weiter als die Lehre von der Erwachsenenbildung.
- **Apperzeption** findet statt, wenn einer was dazulernt.
- **Artikulationsschema** ist die Art und Weise, in der einer etwas sagt.

- **Binnendifferenzierung** – die Extrawürste, die für die Schüler gebraten werden, die sich nicht den allgemeinen Regeln unterordnen können oder wollen. Damit der Lehrer nicht das Gesicht verliert, weicht er seine Regeln auf, um »der Unterschiedlichkeit der Schüler Rechnung zu tragen«.
- **Carpenter-Effekt**: Wenn sich in der Glotze die Zeichentrickfiguren prügeln, prügeln die Kinder vor dem Fernseher mit. Bewegung motiviert zu Bewegung.
- **Defizitorientiert** – der Lehrer, der billige Spielfilme zeigt, statt Mathematik zu unterrichten, weil die Schüler zu doof dafür sind und ihm sonst das Inventar zerlegen würden, handelt defizitorientiert. Pädagogisch formuliert: Der Lehrer richtet sein Handeln an Fehlern und Nichtkönnen aus.
- **Disziplinmanagement** – der Umgang mit Regeln und Strafen.
- **Pseudodebilität** liegt vor, wenn es so aussieht, als ob einer nicht alle an der Mütze hat, er aber in Wirklichkeit nur nicht klarmachen kann, dass er alles blickt.
- **Selbstexploration** findet statt, wenn einer herausfinden will, was er alles so draufhat.

Belohnung und Strafe

Pauker oder Arschpauker war über viele Jahrzehnte, wenn nicht gar Jahrhunderte ein Synonym für die Berufsbezeichnung Lehrer. Erst langsam emanzipiert sich der Beruf von den Körperstrafen und seiner brutalen Seite.

- »Die Rute macht aus bösen Kindern gute!« – In Westdeutschland waren Körperstrafen in der Schule noch bis 1973 erlaubt, in Bayern sogar bis 1983. Aber: In der sowjetischen Besatzungszone war es nach den Regeln der Sowjetischen Militäradministration in Deutschland (SMAD) Lehrern ab 1945 verboten, ihre Schüle körperlich zu bestrafen. Diese Regelung übernahm später auch die DDR.
- In vielen US-Bundesstaaten, besonders in den Südstaaten, ist die körperliche Bestrafung von Schülern immer noch erlaubt. Die Bestrafung erfolgt mit einem Paddel oder Lederriemen auf das Gesäß.
- In Finnland wurde die körperliche Bestrafung von Schülern bereits 1914 abgeschafft. Die meisten anderen Länder Europas folgten erst nach dem Zweiten Weltkrieg.
- Nachsitzen ist heute doch verboten, oder? Nein! Bis heute dürfen Lehrer in Deutschland darüber entscheiden, ob ein Kind nachsitzen muss oder nicht. Allerdings regelt jedes Bundesland die Art und Dauer des Nachsitzens selbst. In Baden-Württemberg darf es zum Beispiel nur vom Schulleiter und für maximal vier Stunden angeordnet werden, in Brandenburg zwar von jedem Lehrer, aber nur für maximal eine Stunde.

- Erinnert sich noch jemand an Fleißkärtchen? Zumindest jüngere Schüler dürften sie nur aus den Erzählungen ihrer Großeltern oder aus Wikipedia kennen. Bis circa 1960 wurden gute Leistungen in der Schule mit einem bunten Kärtchen belohnt, das mit einem lobenden und motivierenden Spruch bedruckt war. Obwohl bereits seit 1783 erfolgreich in Gebrauch, sind sie heute an keiner Schule mehr zu finden.
- Erst gegen Ende der 1990er-Jahre wurde es Lehrern verboten, ihre Schüler mit dem In-der-Ecke-Stehen zu bestrafen. Bei dieser Form der Bestrafung musste der zu strafende Schüler von seinem Platz aufstehen und so lange mit dem Kopf zur Wand in einer Ecke des Klassenraumes stehen, wie es dem Lehrer gefiel. Oft musste er dabei eine Eselsmütze mit langen Ohren oder einen Eselsschwanz tragen.

Die leidige Motivation

Man kann so oder so lernen: sich etwas in die Birne bimsen und in qualvoll langen Wiederholungen auswendig lernen – oder leicht und beschwingt Wissen erwerben, für das man sich brennend interessiert.

- Der Begriff »pauken« bezeichnete ursprünglich das Erlernen von Fechtübungen in Studentenverbindungen. Zwischenzeitlich stand das Wort in der Alltagssprache für unmotiviertes Lernen allgemein. Es ist heute aus der Mode gekommen, aber das bedeutet nicht, dass das Pauken abgeschafft wurde. Wer heute sagt: »Ich muss noch lernen!«, meint meist nicht, dass er sich in verschiedener Weise mit einem Inhalt auseinandersetzen wird, sondern dass es um wenig verstehendes Auswendiglernen nur zu dem einen Zweck geht, eine Prüfung zu bestehen.

- Rund 30 Prozent der Schüler haben nach eigenen Angaben Spaß am Lernen – im Durchschnitt aller Jahrgangsstufen. Im Detail betrachtet, ändert sich der Anteil jedoch mit dem Alter. In der ersten Klasse waren noch 53 Prozent vom Lernen begeistert, davon bleiben in der achten Klasse nur noch 6 Prozent übrig …
- Nach Professor Dr. Dr. Gerhard Roth von der Universität Bremen sind Bildungsleistungen bloß zu einem Drittel von der Intelligenz eines Schülers abhängig. Die restlichen zwei Drittel entstehen durch Fleiß und Motivation. Leider treten Intelligenz, Fleiß und Motivation nicht immer gemeinsam auf. Häufig sind besonders intelligente Schüler – möglicherweise auch wegen einer Unterforderung – notorische Schulschwänzer. Sie verstehen ihre Handlung oft unbewusst als Zeichen ihrer Autonomie und Selbstständigkeit.
- Der österreichische Lehrer und IT-Unternehmer Christian Haschek hat eine Plattform entwickelt, auf der Schüler statt Noten für ihre abgeschlossenen Arbeiten Erfahrungspunkte wie in einem Computerspiel sammeln – man könnte sagen, dass er das Notensystem »gameifiziert« hat. Die Verteilung der Erfahrungspunkte und die ihnen entsprechenden Noten bestimmt der jeweils unterrichtende Lehrer selbst. Haschek macht sich dabei den süchtig machenden Effekt von Online-

Computerspielen zunutze, denn für jede abgeschlossene Tätigkeit wird der Schüler sofort belohnt und es wird das Verlangen ausgelöst, weitere Punkte anzusammeln.

»Bulimielernen« oder »Lernbulimie« ist eine Art intellektuelle Essstörung, von der verhältnismäßig viele Jugendliche betroffen sind. Gemeint ist das stumpfe Auswendiglernen von Fakten und Zusammenhängen für eine Klassenarbeit oder Klausur, die nach der Prüfung sofort wieder vergessen werden. Ursache dafür ist die einer Prüfung vorangehende Aufschiebung des Lernstoffs (»Prokrastination«). Der Schüler ist also gezwungen, sich in kurzer Zeit vor der Prüfung alles erforderliche Wissen anzueignen, wenn er sie bestehen will. Dass der gelernte Stoff damit nicht im Langzeitgedächtnis abgelegt wird, ist klar. Dafür wäre eine regelmäßige Wiederholung mit zeitlichen Abständen erforderlich.

PISA-Studie

Messbarkeit ist ein besonderer Fetisch der Pädagogik – zahllose Lehrerinnen und Lehrer sind begeistert, wenn sich die Erfolge ihrer Tätigkeit mit wissenschaftlicher Präzision bestimmen lassen. Kritische Geister halten das für einen Irrtum.

Das beste Bildungssystem der Welt hat China. Zumindest wenn man es nach den Maßstäben der PISA-Studien betrachtet. Insgesamt 600 000 Schüler aus 79 Ländern hatten an der Studie teilgenommen, die am 3. Dezember 2019 veröffentlicht wurde. Die Schüler aus Peking, Shanghai, Jiangsu und Zhejiang belegten sowohl im Gesamtdurchschnitt als auch in allen drei Einzelbereichen Mathematik, Lesekompetenz und Naturwissenschaften den ersten Platz.

Die PISA-Studien sind Schulleistungsuntersuchungen, die seit dem Jahr 2000 von der Organisation für wirtschaftliche Zusammenarbeit und Entwicklung (OECD) durchgeführt werden. Der Name ist ein Akronym, das in den beiden Amtssprachen der OECD unterschiedlich aufgelöst wird: englisch als *Programme for International Student Assessment* (Programm zur internationalen Schülerbewertung) und französisch *als Programme international pour le suivi des acquis des élèves* (Internationales Programm zur Mitverfolgung des von Schülern Erreichten).

Der erste PISA-Test, an dem sich 32 Nationen beteiligten, hinterließ die deutsche Pädagogik in einer Art Schockstarre: Deutschland belegte im internationalen Vergleich nur den 21. Platz. In allen drei untersuchten Kategorien, Schreib- und Lesekompetenz, Naturwissenschaften und Mathematik, schnitten die deutschen Schüler schlechter als der Durchschnitt ab.

Bei den späteren PISA-Tests erzielten deutsche Schüler zunehmend bessere Ergebnisse. Das Bildungsministerium vermutete hinter den Steigerungen ursächlich auch die Teilnahme an internationalen Bildungsvergleichen wie TIMSS *(Trends in International Mathematics and Science Study)* und IGLU (Internationale Grundschul-Lese-Untersuchung). Kritiker behaupten, man habe von staatlicher Seite den Erfolg »herbeigetestet«-Studien.

SCHULE HEUTE

Schule in der einen oder anderen Form prägt die Lebenswirklichkeit eines großen Teils der Bevölkerung. Besonders die jüngeren Generationen müssen diesen Flaschenhals zum Erwachsenwerden passieren, begleitet und unterrichtet von Lehrern, die ihnen in jeder Schulform optimal zur Seite stehen. Bestimmte Fakten und Regelungen gelten für beide.

ALLGEMEINBILDENDE SCHULEN

- 1911 wurde die **Dauer einer Schulstunde** auf 45 Minuten festgelegt. Davor dauerte eine Unterrichtsstunde 60 Minuten.
- Ihnen dauern die Unterrichtsstunden zu lang? Eine Million Sekunden entsprechen elf Tagen. Wenn Sie 40 Jahre lang unterrichten, vergehen 1 209 600 000 Sekunden…
- Insgesamt gab es im Jahr 2018 in Deutschland 32 577 **allgemeinbildende Schulen**.
- Das Statistische Bundesamt gibt an, dass im Schuljahr 2018/19 insgesamt 773 280 voll- und teilzeitbeschäftigte sowie stundenweise unterrichtende Lehrer an allgemeinbildenden Schulen tätig waren.
- Laut Statistischem Bundesamt waren im Schuljahr 2014/15 etwa 72 Prozent der Lehrer **weiblich** – deutlich mehr als vor zehn Jahren, als die Rate noch bei 67 Prozent lag.
- Lehrerinnen sind in allen Schulformen in der Mehrzahl.
- An Grundschulen unterrichteten im Schuljahr 2014/15

89 Prozent **Lehrerinnen**, an den Hauptschulen 63 Prozent und an den Gymnasien 58 Prozent.

- Von den 154010 hauptamtlichen Lehrkräften an den allgemeinbildenden Schulen in Nordrhein-Westfalen waren im Schuljahr 2015/16 nur noch etwas mehr als ein Viertel **Männer**. In allen Schulformen ist in diesem Bundesland der Anteil der männlichen Lehrkräfte gegenüber dem Schuljahr 2005/06 um 5 Prozentpunkte gesunken.
- Im Jahr 2017 gab es in Deutschland 15465 **Grundschulen**.
- Von den 107000 Lehrkräften an Grundschulen waren nur rund 16700 männlichen Geschlechts.
- Die Wörter **Gymnasium** und Gymnastik scheinen irgendwie etwas miteinander zu tun zu haben, oder? Stimmt, denn das Wort Gymnasium leitet sich vom griechischen Wort *γυμνάζομαι* ab, das »mit nacktem Körper Leibesübungen machen« bedeutet.
- Bis 1964 zählte man in Deutschland die Jahrgangsstufen des Gymnasiums rückwärts. In die fünfte Klasse, die sogenannte Sexta, gingen die Sextaner. Es folgte die Quinta, deren Schüler Quintaner genannt wurden. Weiter ging es mit der Quarta, Untertertia, Obertertia, Untersekunda, Obersekunda, Unterprima und schlussendlich mit der Oberprima, der 13. Klasse.
- In etlichen Bundesländern wurde die **Hauptschule** als eigenständige Schulform abgeschafft oder, im Falle der neuen Bundesländer, gar nicht erst eingerichtet. Die Anzahl der Hauptschulen hat sich seit 2008 auf mittlerweile 2600 halbiert.

- Im Schuljahr 2015/16 gab es in Deutschland 3946 Hauptschulen mit 567 174 Schülern; im Schuljahr 2004/05 waren es noch 5195 Hauptschulen mit 1,08 Millionen Schülern.
- In Bayern gibt es die Schulform Hauptschule nicht mehr.
- 42,9 Prozent der Pädagogen an Hauptschulen sind männlichen Geschlechts, vor zehn Jahren waren es noch 39,8 Prozent.

SCHULE INTERNATIONAL

Unterricht ist nicht gleich Unterricht und Schule nicht gleich Schule. An vielen Orten der Welt sieht es ganz anders aus als in der Hauptstadt Berlin oder in Kleinkleckersdorf in der deutschen Provinz.

- **Unterricht im Outback**: In Australien erhalten die weit von einer Schule entfernt lebenden Kinder Unterricht via Skype und E-Mail.
- **Schulbücher sind teuer.** Im Schnitt geben Eltern in Deutschland pro Kind von der ersten bis zur zwölften Klasse 708 Euro für Schulbücher aus. In den afrikanischen Staaten Simbabwe und Lesotho hat man sich von Schulbüchern verabschiedet. Christopher Pruijsen und App-Designerin Danielle Reid entwickelten in ihrem Start-up sterio.me eine App, mit der Schüler der beiden Länder ihre Hausaufgaben von zu Hause aus erledigen können.
- In **Pakistan** werden bloß 73 von 100 Kindern eingeschult.

Die staatliche Schule dauert dort zwischen fünf und neun Jahre. Danach sind die Kinder häufig auf den Besuch kostenpflichtiger Privatschulen angewiesen, wenn sie ihre schulische Bildung erweitern wollen.

- Laut einem Bericht der **UNESCO** aus dem Jahr 2017 erhalten weltweit 264 Millionen Kinder und Jugendliche keine schulische Ausbildung und nur 83 Prozent aller Kinder weltweit schließen eine Grundschulausbildung ab. Auch Mädchen werden weltweit immer noch merklich seltener eingeschult als Jungen. Geschlechtergerechtigkeit konnte nur in rund zwei Dritteln der analysierten Länder festgestellt werden.
- **In vielen islamischen Ländern** ist es üblich, dass Jungen und Mädchen getrennt voneinander unterrichtet werden. Im Iran dürfen die Lehrer nur Kinder desselben Geschlechts unterrichten.
- In **Sambia** gibt es in ländlichen Regionen sogenannte Radioschulen. Hier erhalten ehrenamtliche Lehrer Anweisungen für ihren Unterricht über ein Radio. Tonaufnahmen erhalten die Lehrer allerdings nicht, denn sonst könnten sie mit ihrer Hilfe den Unterricht ausfallen lassen.
- In **Shanghai** existiert eine »Gaming-Schule«. Es ist eine weiterführende Schule, die junge Menschen auf eine Karriere als Profi-Computerspieler vorbereitet. Auf einen Platz an der Schule kommen circa 50 Bewerber.
- In **New York City** gibt es eine Vorschule für Erwachsene. Hier sollen Erwachsene ihr inneres Kind ausleben. Ein Abend an dieser Schule kostet 160 Euro.

- In **Louisiana** müssen Kinder seit 1999 ihre Lehrer vom Kindergarten bis zur fünften Klasse mit »Sir« oder »Madam« ansprechen.
- In **West Virginia** ist es Kindern verboten, in die Schule zu gehen, wenn sie nach Zwiebeln riechen.
- Die meisten Lehrer der Welt hat **China** mit circa 15 Millionen Lehrkräften, gefolgt von Indien mit 6,5 Millionen. Auf Platz drei liegen die USA mit 3,5 Millionen.

BERÜHMTE INTERNATE

Immer mehr Kinder besuchen eine Privatschule: Im Durchschnitt aller Schüler sind es 8,6 Prozent, im Gymnasialbereich sogar 16,8 Prozent. Und: Privatschüler kommen häufiger aus gebildeten und wohlhabenden Elternhäusern als die Kinder an öffentlichen Schulen. Dahinter steckt bei den Eltern vielfach der Gedanke: Was nichts kostet, kann auch nicht gut sein.

Den Schlüssel zum Haupteingang für das Haus des guten Lebens bekommt derjenige, der die richtige Privatschule besucht hat, eines der angesehenen Eliteinternate. Wer monatlich zwischen 1500 und 3500 Euro für einen Privatschüler aufbringen kann, kann seinen Nachwuchs auf eine der im Folgenden genannten Internatsschulen schicken – bei Abschluss ist ein erfolgreiches Leben (fast) garantiert. Voraussetzung für die Aufnahme ist allerdings ein überdurchschnittliches Leistungsniveau – Geld allein genügt nicht. Im Gegenteil: Es gibt mancherorts auch die

Regelung, dass hochbegabte Schüler ein Stipendium bekommen und die Schule kostenlos besuchen dürfen.

- Schule Schloss Salem, ca. 3756 Euro pro Monat
- Kurpfalz-Internat, ca. 3200 Euro pro Monat
- Internat Louisenlund, ca. 3300 Euro pro Monat
- Schloss Neubeuern, ca. 3300 Euro pro Monat
- Internat Solling, ca. 2700 Euro pro Monat
- Internatsgymnasium Schloss Torgelow, ca. 2825 Euro pro Monat
- Schule Birklehof, ca. 2800 Euro pro Monat
- Landheim Schondorf, 2800–3100 Euro pro Monat

Zum Vergleich (Euro-Angaben je nach Wechselkurs):

- Großbritannien – pro Term (1 Schuljahr = 3 Terms) 9500 bis 14 000 Britische Pfund, also etwa 30 000 bis 48 000 Euro pro Jahr
- Kanada – pro Schuljahr 58000 bis 68000 Kanadische Dollar, etwa 38 000 bis 45 000 Euro
- USA – pro Schuljahr 56 000 bis 65 000 US-Dollar, etwa 50 000 bis 58 000 Euro
- Schweiz – pro Schuljahr 35 000 bis 130 000 Schweizer Franken, etwa 28 000 bis 120 000 Euro

SCHULBIBLIOTHEK: WIE GROSS IST IHRE?

Tatsächlich, Bibliotheken sind einer der wenigen Orte, an denen Schüler und Studenten noch freiwillig den Kontakt mit Büchern aufnehmen – wenn das angebotene Programm stimmt.

- Mit über 160 000 Medieneinheiten ist die **Phillips Exeter Academy Library** in Exeter/New Hampshire vermutlich die größte Schulbibliothek der Welt. Ihr modernes, neunstöckiges Gebäude entwarf der amerikanische Architekt Louis I. Kahn.
- Das **Gymnasium Christianeum in Altona** besitzt die größte Schulbibliothek in Deutschland. Sie blickt auf eine lange Geschichte zurück und verfügt über 27 000 Medieneinheiten, darunter ein wertvoller Altbestand.
- Die **Bibliothek der Universität Harvard** in den USA zählt rund 20,4 Millionen Medien wie Bücher, Texte und Fotos und ist damit die größte Universitätsbibliothek der Welt.
- Die **größte deutsche Universitätsbibliothek**, die der Humboldt-Universität in Berlin, zählt nur rund vier Millionen Medien.
- Die größte Bibliothek der Welt ohne universitären Hintergrund ist die **British Library in London** mit stolzen 170 Millionen Medien. Größte Vertreterin aus Deutschland ist die **Deutsche Nationalbibliothek** mit rund 36,1 Millionen Medien.

SCHULE PSYCHOLOGISCH

Schüler und Lehrer haben etwas gemeinsam: Der Ort, den sie nahezu jeden Tag aufsuchen, und das Geschehen dort, Unterricht genannt, bereiten ihnen psychische Probleme.

- Jeder vierte Lehrer in Deutschland geht in den Vorruhestand, schafft es also nicht bis zum üblichen Rentenalter von 63 Jahren beziehungsweise 67 Jahren für nach 1964 geborene Arbeitnehmer. Bei der Mehrheit sind psychische Probleme die Ursache.
- Was war zuerst da, die Henne oder das Ei? Kanadische Forscher fanden in einer Untersuchung heraus, dass es einen klaren Zusammenhang zwischen gestressten Schülern und Burn-out-Fällen bei Lehrern gibt.
- 600 000 bis 1,2 Millionen Schüler leiden in Deutschland an Schulangst. Das entspricht 5 bis 10 Prozent aller Schüler. Besonders verbreitet ist Schulangst bei Zehn- bis Elfjährigen, da sie der Wechsel auf eine weiterführende Schule unter großen Druck setzt. Jungen sind häufiger betroffen als Mädchen. Bei vielen Betroffenen ist jedoch nicht die Angst vor der Schule der Hauptauslöser, sondern die Trennung von den bisherigen Bezugspersonen in Schule und Familie.
- Analysen der Lebenswege notorischer Schulschwänzer haben ergeben, dass diese im späteren Leben deutlich häufiger an psychischen Problemen leiden als ihre Mitschüler. Rund 50 Prozent von ihnen haben später mit Problemen wie sozialen Ängsten oder Depressionen zu kämpfen. Das ergab eine

Untersuchung der Psychologen Ulrike und Gerd Lehmkuhl aus dem Jahr 2004, in der sie Studien zur Schulverweigerung der letzten 30 Jahre analysierten. Doch es bleibt offen, ob die Schulschwänzerei die Ursache oder das Symptom der psychischen Probleme ist.

Jeffrey Walline von der Ohio State University fand in einem Experiment mit sechs- bis zehnjährigen Schülern heraus, dass Kinder mit Brille von ihren Mitschülern als intelligenter wahrgenommen werden. Rund 57 Prozent der untersuchten Kinder attestierten Brillenträgern sogar eine größere Ehrlichkeit. Die Brillenschlange als Außenseiter? Dieses Klischee konnte im Experiment nicht bestätigt werden. Brillen haben keinen Einfluss darauf, ob Kinder von anderen Kindern als Spielgefährten akzeptiert werden oder nicht.

Forscher am King's College in London haben herausgefunden, dass jüngere Kinder in Schulklassen häufiger mit psychischen Problemen zu kämpfen haben.

Untersuchungen an über 10 000 Studenten in den USA belegen, dass Personen, die in der Schule viele Freunde haben, später mehr verdienen. Im Schnitt erhöht jede zusätzliche Freundschaft das spätere Einkommen um 2 Prozent.

Wer zwischen 1945 und 1950 geboren wurde, erreichte in Deutschland mit einer Wahrscheinlichkeit von 13,1 Prozent die Hochschulreife. Bei zwischen 1980 und 1985 geborenen Kindern lag diese bereits bei 44,3 Prozent.

Jedes dritte Kind unter drei Jahren ohne Migrationshintergrund geht heutzutage in eine Kita oder Tagespflege. Bei Kindern mit Migrationshintergrund ist es nur jedes sechste.

- Nur 0,3 Prozent aller Schüler werden bereits mit fünf Jahren eingeschult. Das Mindesteinschulungsalter in Deutschland liegt je nach Bundesland bei fünf Jahren und zehn Monaten bis sechs Jahren und zwei Monaten.
- Das früheste Alter, in dem Jugendliche einen Schulabschluss erreichen können, liegt bei normaler Schullaufbahn bei 15 Jahren. Ab diesem Alter nimmt der Anteil der Jugendlichen, die zur Schule gehen, langsam ab. Nur 4 Prozent aller Schüler verlassen die Schule mit 15 Jahren.
- An Sonderschulen liegt der Anteil der Jungen bei 65 Prozent.
- Schule ist für viele Kinder und Jugendliche eine ganz schöne Belastung, und das ist messbar in Kilogramm: Deutsche Schüler tragen circa 17,2 Prozent ihres Körpergewichts im Schulranzen herum. Das fand eine Studie der Universität des Saarlandes heraus. Damit wird die empfohlene Höchstgrenze von 10 Prozent deutlich überschritten.

Nachhilfe

Es gab Zeiten, da konnten die Eltern ihren Kindern noch bei den Hausaufgaben helfen und möglicherweise auch positiv auf die schulische Leistung einwirken – mit Nachhilfeunterricht zu Hause. Besonders bei der Hausaufgabenhilfe gab es schon damals familiäre Krisenfälle: »Papa, du hast wieder alles falsch gemacht!«

In den späten Jahren des 20. Jahrhunderts drehte sich die Angelegenheit zugunsten der Kinder: Es gab Phasen, in denen der Nachwuchs der alten Generation den Umgang mit dem Computer beibrachte und erläuterte, was eine Textverarbeitung bzw. ein Rechenblatt ist und wie es funktioniert. Mit der Zeit lernten die Eltern, selbstständig mit einem Computer umzugehen, verloren aber im föderalen Bildungsdschungel der Bundesrepublik irgendwann den Überblick über die Ereignisse in der Schule, sowohl methodisch als auch von den Unterrichtsinhalten her. Aus dem simplen Unterrichtsfach Rechnen wucherte irgendwann das Mengenlehre-Monster hervor, immer neue Rechtschreibreformen bereicherten zwar den Dudenverlag, machten es Mutti aber unmöglich, den lieben Kleinen beim Diktat zu helfen. Was war zu tun? Nachhilfelehrer mussten her!

Fast zwei Drittel aller Eltern versuchen, trotz der beschriebenen Problemsituation ihren Kindern bei den Hausaufgaben zu helfen. Zwei Drittel dieser Kinder wiederum sind aber der Meinung, dass sie keine Hilfe benötigen. Vermutlich, weil sie wissen, dass ihre Eltern mit ihrer veralteten Schulbildung aus grauer Vorzeit ihnen gar nicht mehr helfen können …

Schuluniformen

Schuluniformen hat es an staatlichen Schulen in Deutschland nie gegeben. Erst im Jahr 2000 wurde an einer Hamburger Haupt- und Realschule erstmals eine einheitliche Schulkleidung eingeführt.

In **Brasilien** wurden 2012 erstmals Schuluniformen mit einem angebrachten RFID-Chip eingeführt. Mit diesem lässt sich die An- oder Abwesenheit von Schülern kontrollieren.

- In **Australien**, **Neuseeland**, **Irland** und **England** müssen die Schüler Uniformen tragen.
- In den **USA** und **Kanada** unterscheiden sich die Regelungen an privaten und öffentlichen Schulen. Die privaten schreiben in der Regel Schuluniformen vor, die öffentlichen Schulen nicht – dafür gibt es dort eine strenge Kleiderordnung, zum Beispiel die Länge der Röcke, aber auch Piercings und Tattoos betreffend.

Vorteile von Schuluniformen:

- Alle Schüler sehen gleich aus, keine Diskriminierung wegen der Kleidung.
- Die Uniform zeigt die Zugehörigkeit zu einer bestimmten Schule.
- Es gibt keinen Gruppenzwang mehr zum Kauf von Markenkleidung.
- Schüler ersparen sich die morgendliche Entscheidung, was sie anziehen sollen.
- Manche Uniformen sind richtig schick.
- Das Tragen der Uniform fördert die Disziplin.
- Die Uniform stärkt den Teamgeist.
- Weniger Mobbing, weil die Schüler sich als zusammengehörig begreifen.
- Gleichheit begrenzt den Egoismus.

Nachteile von Schuluniformen:

- Man darf sich nicht als Person präsentieren, die Einzigartigkeit des Individuums leidet darunter.
- Schuluniformen kosten zusätzliches Geld.
- Nach einiger Zeit werden die Uniformen als langweilig wahrgenommen.
- Schüler, denen die Uniform nicht gefällt, müssen sie dennoch tragen.
- Die Vereinheitlichung durch Schuluniformen unterstreicht Unterschiede im Aussehen noch – Hautfarbe, körperliche Beeinträchtigungen ...
- Schüler gewöhnen sich in jungen Jahren an eine Art Gleichschaltung.
- Kleidung muss an die Jahreszeit angepasst werden, Schuluniformen sind unflexibel.
- Es besteht die Gefahr einer Überanpassung und falschen Identifizierung mit der Schule.
- Schuluniformen bedienen die Vorstellungen perverser Fetischisten und erhöhen, speziell für Mädchen, die Gefahr sexueller Übergriffe.

SCHULE GESTERN

Ist es nicht beruhigend, dass Schule früher genauso chaotisch war wie heute, nur ohne Föderalismus? Für das Chaos sorgten neben den oft ärmlichen Verhältnissen vor allem König, Kaiser und Kirche.

GESCHICHTE DER SCHULE

Der erste Lehrer war vermutlich ein Steinzeitmensch, der seinem Stammeskollegen mit einem entschiedenen »Ö-ö!« und Kopfschütteln zu vermitteln versuchte, dass man junge Säbelzahntiger nicht streicheln sollte, wenn das Muttertier in der Nähe lauert. Ob der erste Schüler diese Lektion lernte und so überlebte, wissen wir nicht, aber es ist anzunehmen, denn das Verfahren – Lehrer unterrichtet Schüler – hat sich letztlich durchgesetzt. Wann und warum das erste Schulgebäude gebaut wurde oder ob es nur eine Schulhöhle war, wissen wir nicht. Deshalb verzichten wir hier auf weitere Spekulationen und wenden uns überprüfbaren und überprüften Fakten der Geschichtsschreibung zu.

- Im **Alten Ägypten** brauchte ein Schüler mehr als vier Jahre, um die ägyptische Sprache mit ihren 700 Hieroglyphen lesen und schreiben zu können. Einen vergleichbaren Aufwand betreiben noch heute die Chinesen. Ihr Zeichenwörterbuch *(Zhōnghuá zìhǎi)* umfasst circa 87 000 Schriftzeichen.
- Platons Academia, eine Philosophenschule in Athen, wurde noch vor der Zeitenwende gegründet, nämlich im Jahr **387 v. Chr.** Für ungefähr neun Jahrhunderte war sie einer der

kulturellen Mittelpunkte Europas. Der oströmische Kaiser Justinian I. verbot die Akademie 530 n. Chr.

- **800 n. Chr.**: Nicht nur für die Gründung vieler Akademien und Schulen ist Karl der Große (747/748–814) bekannt. Er setzte sich sogar als einer der Ersten für die Einführung einer allgemeinen Schulpflicht ein. Unter seiner Regentschaft entstanden Schulen, die sich nicht nur auf eine kirchliche Ausbildung stützten.
- **900:** Im frühen Mittelalter waren Klosterschulen die einzige verbreitete Schulform. Sie bereiteten Jungen ab sieben Jahren auf eine kirchliche Laufbahn vor.
- **950:** Knappen wurden im frühen Mittelalter in den sieben ritterlichen Tüchtigkeiten *(septem probitates)* unterrichtet, also den sieben Disziplinen, die ein Ritter zu beherrschen hatte. Diese waren das Reiten, Schwimmen, Bogenschießen, Fechten, Jagen, Schachspielen und Dichten. Angehende Geistliche in Klosterschulen übten sich hingegen in der Beherrschung der sieben freien Künste *(septem artes liberales)*, die ihnen das Grundwissen für ihre kirchliche Laufbahn vermitteln sollten. Die sieben freien Künste waren Grammatik, Rhetorik, Dialektik, Arithmetik, Geometrie, Musik und Astronomie.
- **1000:** Im Hochmittelalter war es üblich, dass Männer, die ihr Wissen über das ihrer örtlichen Schule hinaus weiterentwickeln wollten, als sogenannte Scholaren umherzogen. Auf ihrer Wanderung von Schule zu Schule und Land zu Land verdienten sie ihren Lebensunterhalt mit dem Wissen, das

sie sich auf ihrer Wanderschaft angeeignet hatten. Zu jener Zeit waren Schreib- und Lesekundige nämlich sehr gefragt. Zu erkennen waren sie meist an ihrem Ordenskleid.

- **1050:** Im Hochmittelalter erhielten Mädchen die Möglichkeit, ihr praktisches Wissen an sogenannten Nähschulen zu erweitern. Dort unterrichteten meist Ehefrauen von Lehrern oder andere angesehene Frauen, um zur Hebung des allgemeinen Wohlstands und Fleißes beizutragen.
- **1250:** Im 13. Jahrhundert entstanden neben kirchlichen Schulen auch immer mehr weltliche Schulformen, zum Beispiel die Stadtschulen. Hier unterrichteten statt Mönchen nun auch weltliche Lehrer, allerdings ausschließlich auf Latein. Erst später setzte sich Deutsch als Unterrichtssprache durch. Von einer Schulpflicht war man noch unendlich weit entfernt – sie dämmerte nicht einmal am Bildungshorizont herauf.
- Die Universität Bologna in Italien ist die älteste Universität Europas und wurde **1392** gegründet. Die älteste Universität Deutschlands ist die Universität Erfurt, deren Stiftungsurkunde aus dem Jahr 1379 stammt.
- **1400:** Lehrer war bis ins späte Mittelalter häufig nur Nebenberuf eines Handwerkers oder Knechts. Ähnlich wie eine kirchliche Laufbahn wurde der Lehrerberuf häufig gewählt, wenn die entsprechende Person vom Erhalt eines Erbes aufgrund der Geburtenfolge ausgeschlossen war.
- **1450:** Gegen Ende des Mittelalters konnten sich städtische Schulen in ihrer Qualität zunehmend gegen kirch-

liche Schulen behaupten. Man lehrte Geschichte sowie lateinische, griechische und hebräische Literatur. Die Lehrer waren auch an städtischen Schulen häufig Kleriker, die die Wartezeit auf eine kirchliche Stellung überbrückten und mit Unterricht ihren Lebensunterhalt finanzierten.

- Noch bis ins **16. Jahrhundert** hinein war die *Ars grammatica* des römischen Lehrers Aelius Donatus das einzige Schulbuch, das an deutschen Schulen verwendet wurde. Es wurde im vierten Jahrhundert verfasst und blieb über 1000 Jahre lang das wichtigste Werk über lateinische Grammatik. Es erschien in über 350 Ausgaben.
- Während die Entlohnung von Lehrern heutzutage über den durchschnittlichen Einkommen der Bundesbürger liegt, war sie im **18. und 19. Jahrhundert** sehr bescheiden. Zu Beginn des 18. Jahrhunderts erhielt ein Lehrer ein Jahresgehalt von rund 30 bis 50 Talern. Ein Taler entsprach 24 Groschen. Ein Pfund Brot kostete zu dieser Zeit 12 Groschen, also einen halben Taler. Ein Lehrer konnte sich von seinem Jahresgehalt somit im besten Fall bloß 100 Pfund Brot kaufen.
- Das erste Abiturzeugnis wurde im Jahr **1788** in Preußen ausgestellt. Dieses sogenannte Reifezeugnis war ein Beleg für die Eignung zum Universitätsstudium und wurde unabhängig vom sozialen Stand des Schülers ausgestellt, was für die damalige Zeit eine Neuerung war. Es enthielt keine Noten und wurde nur gegen Bezahlung einer zusätzlichen Gebühr und auf Anfrage erteilt.

- Nach der Einführung der Schulpflicht in Preußen waren **1816** zunächst etwa 46 Prozent der schulpflichtigen Kinder eingeschult. Auf dem Land wurden die Kinder vielfach als Arbeitskräfte auf den Höfen gebraucht oder die Schulwege waren zu lang. Der Anteil der Kinder, die ihrer Schulpflicht nachkamen, erhöhte sich bis 1846 auf 60 Prozent.
- In weiten Teilen Deutschlands waren Schulen, insbesondere Dorfschulen mit nur wenigen Schülern, noch bis ins **19. Jahrhundert** nicht nach Jahrgangsstufen getrennt. Schüler jeden Alters erhielten gleichzeitig Unterricht im selben Raum. Dies bot aber auch Vorteile. Junge Schüler konnten von den älteren lernen und ältere Schüler wiederholten den zuvor gelernten Stoff häufig.
- Das Jahr **1837** markierte einen Wendepunkt des Unterrichts in Deutschland. In diesem Jahr wurden erstmals verbindliche Lehrpläne für Schulen eingeführt.
- Noch bis ins **19. Jahrhundert** wurden Lehrer unabhängig von ihrem akademischen Grad »Doctoren« genannt. Das Wort leitet sich vom lateinischen *docere* ab, das »lesen« bzw. »unterrichten« bedeutet.
- Bis **Mitte des 19. Jahrhunderts** war Schulmeister, also Lehrer an einer Dorf- oder Volksschule, kein besonders attraktiver Beruf. Das Gehalt war schlecht und es wurde von den Lehrern erwartet, dass sie sich zu jeder Zeit sittsam und vorbildlich verhielten. Häufig waren sie gezwungen, ehelos im Pfarrhaus zu leben. Auch der Besuch von Wirtshäusern oder Tanzböden war ihnen untersagt.

- Bevor im Jahr **1882** in Preußen Jahrgangsstufen eingeführt wurden, konnten einzelne Klassen aus bis zu 95 Kindern verschiedenen Alters bestehen. Noch bis in die 70er-Jahre waren Klassen mit bis zu 40 Kindern völlig normal. Trotz getrennter Jahrgänge.
- Bis **1920** war es Eltern möglich, ihre Kinder in Deutschland von der Schulpflicht zu befreien, wenn sie privat unterrichtet wurden. Häufig war dies für sogenannte Gouvernanten die einzige Möglichkeit, nach ihrem Studium unverheiratet für ihren Lebensunterhalt zu sorgen.
- **1933 bis 1945:** In der Zeit des Nationalsozialismus war Juden nicht nur das Unterrichten verboten. Auch der Schulbesuch wurde ihnen untersagt.
- In den frühen **1950er-Jahren** fuhren noch keine Schulbusse, die Schüler mussten zum Teil mehrere Kilometer zur Schule laufen.
- Erst ab dem Jahr **1960** setzte sich die Koedukation durch, der gemeinsame Unterricht von Jungen und Mädchen. Bis dahin endete der Bildungsweg für Mädchen häufig schon nach der Volksschule. Trotz gleicher Leistung erhielten Mädchen bis dahin deutlich weniger Förderung.
- In den meisten Bundesländern war die Mehrheit der Lehrer im Jahr **2010** verbeamtet – seit den 1950er-Jahren war der Beamtenstatus im Lehrerberuf der Regelfall. Der Beamtenanteil lag bei über 80 Prozent. Erst in den 1980er- und 1990er-Jahren sah man zunehmend davon ab, junge Lehrer zu verbeamten.

- In Mecklenburg-Vorpommern, Sachsen und Sachsen-Anhalt war es hingegen genau umgekehrt: Mindestens 80 Prozent der Lehrer waren 2010 angestellt, der Lehrer als Angestellter war auch in der DDR Standard.

SONDERFALL DDR

Über die armen Menschen in der Ostzone – so nannte man die DDR in konservativen Kreisen Westdeutschlands – wusste man auf der westlichen Seite so manches mit großer Gewissheit: Sie hatten nicht nur keine Bananen, sondern Autos aus Pappe, aßen Broiler und mussten ständig »Ein Kessel Buntes« gucken, Westfernsehen war verboten – letztlich fehlte es ihnen an allem. Aber zur Schule gehen durften sie.

- In den Schulen der DDR fanden zur Vorbereitung auf den Militärdienst regelmäßige Fahnenappelle statt, zu denen sich die Schüler gemeinsam auf dem Schulhof versammelten. Unterrichtsstunden begannen in vielen Klassen mit dem Pioniergruß statt mit dem heute üblichen »Guten Morgen, Herr/Frau…!«.
- In der DDR schloss man die Grundschule erst nach der achten Klasse ab. In Berlin und Brandenburg dauert die Grundschule heute mit sechs Schuljahren immer noch zwei Jahre länger als in anderen Bundesländern.
- Bis 1968 war es Religionsgemeinschaften in der DDR noch erlaubt, öffentliche Schulgebäude für ihren Religionsunter-

richt zu nutzen. Dann wurde dies untersagt und der Unterricht fand in privaten oder kirchlichen Räumlichkeiten statt.

- Schüler in der DDR nahmen ab den 70er-Jahren für zwei Jahre am Schulfach Wehrunterricht teil. Staatsbürgerkunde war ein weiteres Schulfach, das für mindestens vier Jahre belegt werden musste. Ziel des Fachs war es, den Schülern einen sozialistischen »Klassenstandpunkt« zu vermitteln.
- Die Ausbildung von Frauen unterschied sich in der DDR deutlich von der im westlichen Teil Deutschlands. Besonders im Hinblick auf eine Erwerbstätigkeit schlug der Arbeiter- und Bauernstaat in den 50er-Jahren eine gänzlich andere Richtung als die BRD ein. Es war schon seit 1950 politisches Ziel, das weibliche Geschlecht gleichberechtigt in die Arbeitswelt zu integrieren. Auch stellten Frauen an den Hochschulen ganz im Gegensatz zum Westen keine Seltenheit dar.
- In der Bundesrepublik Deutschland hingegen hielten Politik und Gesellschaft, gefördert von einem allgemeinen Sicherheitsbedürfnis in der Nachkriegszeit, in der Familienpolitik an eher traditionellen Rollenbildern fest: Der Mann geht zur Arbeit, die Frau ist Mutter und Hausfrau.
- Die Bundesjugendspiele hießen in der DDR »Spartakiade«. Das Wort war eine Kombination aus dem Wort Olympiade und dem Namen Spartacus. Spartacus war ein Sklave und Gladiator im alten Rom, der in den Jahren 73 bis 71 v. Chr. einen bedeutenden Sklavenaufstand anführte. Der Name bezog sich jedoch auch auf den marxistischen Spar-

takusbund, dem Karl Liebknecht und Rosa Luxemburg angehörten.

G8 oder G9? Was im Westen heute heftig diskutiert wird, ist in den östlichen Bundesländern kein Thema. Dort machten und machen Schüler seit über 40 Jahren das Abitur nach zwölf Schuljahren – G8 ist der Regelfall.

RELIKTE I: DER KARZER

Noch bis ins 20. Jahrhundert hinein waren an Gymnasien und Universitäten sogenannte Karzer verbreitet, in denen ungehorsame Schüler und Studenten eingesperrt werden konnten.

Der Karzer, abgeleitet von lateinisch *carcer*, »Umfriedung, Kerker«, war eine Arrestzelle, ursprünglich im universitären Bereich, später auch in Gymnasien eingerichtet. Anfangs gefürchtet, wurde der Aufenthalt im Gefängnis der Schule, für den sich aufsässige Schüler von ihren Mitschülern feiern ließen, immer mehr zu einem sozialen Glanzlicht – in rebellischen Kreisen war man wer, wenn man erst einmal ein paar Stunden im Karzer gesessen hatte. Häufig nutzten die Insassen ihre Haftzeit, um Wände und Möbel des Karzers unsittlich zu dekorieren.

Im Karzer konnte so einiges geschehen. Der Delinquent vertrieb sich die Zeit mit satirischen, boshaften und anstößigen Wandgemälden, schreckte aber auch nicht vor einer Neudekoration des Mobiliars zurück. Entsprechend sahen die Räumlichkeiten nach kurzer Zeit aus, und es gehörte sozusagen zum guten

Ton des schlechten Benehmens, dass der Hausmeister, damals noch »Pedell« genannt, nur dann auf Reparatur oder Reinigung bestand, wenn der Täter auf frischer Tat ertappt wurde. Weil der Hausmeister auch für die Versorgung der Einsitzenden mit Essen und Trinken verantwortlich war, stellte man sich als Schüler besser gut mit ihm – dann konnte es geschehen, dass der im Karzer einsitzende Verbrecher sogar Besuch empfangen durfte, den er alkoholisch bewirtete. So machten Bestrafungen Spaß.

Bis 1914 waren die meisten Karzer in Deutschland abgeschafft.

RELIKTE II: DAS POESIEALBUM

Jeder ältere Lehrer erinnert sich an die Qualen, die ihm in seiner pädagogischen Vergangenheit – etwa in den 1970er- und 1980er-Jahren – Poesiealben bereitet haben. In ihrer Blütezeit hatte jeder Schüler im Grundschulalter eines im Tornister, besonders Junglehrer wurden mit Bitten um Einträge attackiert.

Um zu verstehen, wo in dieser Situation das Problem lag, muss man sich ein wenig hineindenken. Die jeweiligen Pädagogen waren aufgefordert, sich mit einem möglichst persönlichen und intelligenten Eintrag im Buch zu verewigen. Anders als die um die Jahrtausendwende aufgekommenen Freundschaftsbücher, in denen es nur mit Diddl-Mäusen dekorierte Formulare auszufüllen gab, schockierte so ein Poesiealbum mit leeren Seiten. Das hatte Folgen:

- Durchstreichen durfte man natürlich nichts.

Ein nicht minderes Problem stellte die Anforderung dar, einen originellen Eintrag zu finden. Dummerweise hatten alle Lehrerkollegen, die sich zuvor in das Poesiealbum eingetragen hatten, die Bandbreite der gängigen Einträge abgegrast.

Dann der Einfall, ein genialer Sinnspruch. »Lebe deine Träume, aber verträume nicht dein Leben.« Verfasser unbekannt. Das erste Problem wäre gelöst, nun warten nur noch zehn oder elf weitere wunderschön gebundene Poesiealben, zum Teil abschließbar mit einem niedlichen Schlösschen. Nr. 2: »Dem Fröhlichen gehören die Welt, die Sonne und das Himmelszelt.« Usw.

Neben all den Sinnsprüchen schmückten Glanzbilder, verziert mit Glitzer und bunter als jeder LSD-Rausch, die Alben. Da gab es niedliche Engel, Katzen und Hunde, Osterhasen, Rosen, Herzen in allen Ausformungen, Kinder, Zwerge, Blümchen, Schmetterlinge, Märchenfiguren und jede Form von weiteren Schrecken. Gehörte das Poesiealbum einem Jungen, was eher selten der Fall war, erfreuten Bilder von Autos, Traktoren, Eisenbahnen, Schiffen, Raketen und Baumaschinen des Lehrers Herz. Dem hatte er nichts entgegenzusetzen – welcher Lehrer hatte schon Glanzbilder in der Schreibtischschublade?

ZWISCHEN UNTERRICHT UND FREIZEIT

Im Bereich der Schule existieren gesetzlich geregelte Freiräume (Ferien und Feiertage), aber auch gewisse Grauzonen, welche der professionelle Schüler (und Lehrer) geschickt zu nutzen weiß.

HITZEFREI? KÄLTEFREI!

Offenbar funktioniert das menschliche, vor allem das kindliche oder jugendliche Gehirn nur in einem gewissen Temperaturbereich zwischen 20 und 25 °C. Die Schulbürokratie sorgt dafür, dass diese Mindest- und Höchsttemperatur immer eingehalten wird, und das nicht nur in Deutschland. In Australien allerdings nicht …

- Hitzefrei oder Unterrichtsausfall gibt es in **Australien** nicht – wenn es draußen knallheiß ist, sorgen im Schulgebäude überall Klimaanlagen für die richtigen Temperaturen.
- Nebenbei: Down Under herrscht wochentags zwischen 9:00 Uhr und 15:00 Uhr Schulpflicht für alle Kinder. Wenn man also in diesem Zeitraum irgendwo Kinder antrifft, sind es Schulschwänzer. Gegenmaßnahme: In Geschäften werden Schulkinder zwischen 9:00 Uhr und 15:00 Uhr nicht bedient.
- In **Ungarn** kennt man – wie auch in manchen anderen Ländern – kein Hitzefrei. Dafür sind die Sommerferien länger als anderswo.
- Auch bei glühend heißen Wüstenwinden geht der Unterricht in **Israel** weiter – kein Hitzefrei. Dafür sind Klimaanlagen in den Schulgebäuden gesetzlich vorgeschrieben.

- **Spanien:** kein Hitzefrei, aber mindestens zehn Wochen Sommerferien.
- In **Österreich, Frankreich** und der **Türkei** müssen Schüler und Lehrer bei jedem Wetter ran, auch wenn es unglaublich heiß ist.
- Was ist eigentlich wirklich heiß? In den heißesten **Wüsten** der Welt wurden folgende Höchsttemperaturen gemessen:
  - Dasht-e Lut (Iran): 70,7 °C
  - Libysche Wüste: 57,8 °C
  - Death Valley (USA): 56,7 °C
- 42,6 °C ist **die höchste je in Deutschland gemessene Temperatur**. Der deutsche Hotspot liegt in Lingen, Ostfriesland. Der heißeste Tag war der 25. Juli 2019.
- Hitzefrei kann im Arbeitsleben gegeben werden, wenn die Lufttemperatur in den Arbeitsräumen 26 °C überschreitet und nicht durch andere Maßnahmen Kühlung verschafft werden kann. Der Arbeitgeber ist aber erst ab 30 °C verpflichtet, Gegenmaßnahmen zu ergreifen.

Seit 1999 gibt es keine bundesweite Regelung mehr, jedes Bundesland entscheidet selbst. Hitzefrei in den Schulen ist – wie sollte es anders sein? – in den einzelnen Bundesländern unterschiedlich geregelt, hier einige Beispiele:

- In **Baden-Württemberg** kann der Schulleiter Hitzefrei geben, wenn das Thermometer um 10:00 Uhr eine Raumtemperatur von über 25 °C anzeigt.

- In **Bayern** ist 27 °C die magische Grenze.
- Auch in **Rheinland-Pfalz, Niedersachsen** und **Schleswig-Holstein** entscheidet die Schulleitung über Hitzefrei.
- In **Nordrhein-Westfalen** muss die Raumtemperatur 27 °C erreichen, unter 25 °C darf kein Hitzefrei gegeben werden. Für die Sekundarstufe II gibt es überhaupt kein Hitzefrei.
- In **Hessen** darf bei hoher Temperaturbelastung der Unterricht der Sekundarstufe I nach der fünften Stunde beendet werden. Den Kindern werden etwaige Hausaufgaben erlassen.

Und was, wenn es zu kalt ist?

- In **Deutschland** ist dies ziemlich ungewöhnlich, aber dennoch klar geregelt: Ist eine Schule zum Beispiel aufgrund einer ausgefallenen Heizungsanlage, undichter Fenster oder zu geringer Außentemperatur nicht in der Lage, die Temperatur im Unterrichtsraum auf mindestens 19 °C zu halten, haben die betroffenen Schüler ein Recht auf Kältefrei.
- Im russischen **Jakutsk** sieht die Sache etwas strenger aus. Hier haben Schüler erst ab minus 50 °C Außentemperatur die Möglichkeit, Kältefrei zu bekommen.

FERIEN

Sie sind wegen der vielen Freizeit Lehrer geworden? Das war wohl nichts. Aus gewöhnlich gut unterrichteten Kreisen hört man, dass der Lehrer keineswegs morgens recht und nachmittags frei hat – und dazu noch eine ganze Menge mehr Freizeit als der durchschnittliche Arbeitnehmer. Die 40-Stunden-Woche wäre für manchen Lehrer Kurzarbeit, und wenn der letzte Schüler belehrt, das letzte Elternpaar auf den Boden der Tatsachen zurückgeholt, der letzte Hausmeister besänftigt und die letzte Klassenarbeit korrigiert ist, müssen Lehrer auch noch etwas für ihre Fortbildung tun. Die paar Ferientage pro Jahr, die hat jeder Lehrer bitter nötig!

Hinzu kommt: Die volle Länge der Sommerferien steht den Lehrern rein rechtlich als Urlaub gar nicht zu. Sie haben, wie andere Berufe auch, eine bestimmte festgelegte Zahl von Urlaubstagen – die übrige Zeit müssten sie eigentlich arbeiten, und zwar für die Schule. Es glaubt aber niemand, dass sie dieser Pflicht nachkommen – nicht zuletzt deshalb wird der lange Urlaub von Pädagogen (und Schülern), Ferien genannt, vielfach als nicht gerechtfertigtes Privileg des Lehrerberufes angesehen. Allerdings können Eltern, die nie selbst vor einer Klasse oder einem Kurs gestanden haben, überhaupt nicht ermessen, wie dringend Pädagogen ihre Ferien brauchen. Fast so dringend wie die Schüler.

Deutsche Kinder freuen sich je nach Bundesland auf sechs bis sieben Wochen Sommerferien, die zur Entlastung des Reiseverkehrs zeitlich gestaffelt sind. Insgesamt liegt Deutschland mit 74 Ferientagen pro Jahr unter dem europäischen Durchschnitt von 78 Tagen.

- In der **Schweiz** variiert die Dauer der Sommerferien von Kanton zu Kanton. Im Tessin dürfen sich Schulkinder auf ganze zehn Wochen Sommerferien freuen. Im Aargau bringen sie es nur auf drei Wochen.
- Im EU-Land **Bulgarien** ist die Dauer der Sommerferien von der Jahrgangsstufe abhängig. Die jüngsten Schüler haben hier 16 Wochen beziehungsweise vier Monate Ferien, die ältesten kommen immerhin noch auf neun Wochen. In der Summe können es im ganzen Jahr bis zu 102 freie Tage sein.
- In den **Niederlanden** sind die Sommerferien für Grundschüler sechs Wochen lang, für Schüler weiterführender Schulen dauern sie sieben Wochen. Die Frühjahrsferien in den Niederlanden Ende Februar werden übrigens auch Krokusferien genannt. Das liegt daran, dass in dieser Zeit die Krokusse zu blühen beginnen, Frühlingsgewächse, für die die Niederlande berühmt sind.
- Allgemein beneidet werden die Lehrer und Schüler in **Frankreich.** Wer in der richtigen Region wohnt, kann sich über bis zu neun Wochen Sommerferien freuen.
- Auch nicht schlecht sieht es in **Luxemburg** aus: Die Sommerferien beginnen Mitte Juli und enden Mitte September.
- **Britische Schüler** kommen – ähnlich wie die deutschen – auf sechs bis sieben Wochen Sommerferien.
- In den **USA** beginnen die *summer break* genannten Som-

merferien je nach Schulbezirk unterschiedlich, meist zwischen Ende Mai und Anfang Juni, und enden Ende August oder Anfang September.

- **Belgien** macht im Sommer zwei Monate lang dicht – Sommerferien komplett in den Monaten Juli und August.
- **Italiens** Schüler gehen von Anfang/Mitte Juni bis Anfang/Mitte September in die Ferien.
- In **Russland** beginnen die Sommerferien am 25. Mai und enden am 1. September – volle drei Monate frei!

KLASSENFAHRT

Sie war in der Vergangenheit und ist noch heute eines der wichtigsten Ereignisse im Leben eines Schülers. Auf einer Klassenfahrt werden erste Erfahrungen in Hülle und Fülle gemacht. Diese können erotischer, alkoholischer oder auch touristischer Natur sein.

Klassenfahrten: unvergessliche Erlebnisse

Unterwegs mit den Schulkameraden und dem Lehrer oder der Lehrerin – wann sonst kann Schule eine so hohe Erlebnisdichte liefern wie auf einer Klassenfahrt!

- Recht ungewöhnliche Erfahrungen machte eine **Schulklasse aus Hessen**, deren Bus eigentlich nach Norddeich in Niedersachsen fahren sollte und von dort weiter auf die Insel

Juist. Der Busfahrer hatte wohl nicht seinen besten Tag, denn er verfuhr sich – um ganze 300 Kilometer. Fast wäre er in Norddeich/Schleswig-Holstein angekommen, doch sein Fehler fiel schon vorher auf: In Norddeich/Schleswig-Holstein gab es gar keine Fährverbindung nach Juist! Also auf halber Strecke umkehren und zurück nach Niedersachsen. Dummerweise war die Fähre im niedersächsischen Norddeich am Abend schon weg, und die ganze Klasse samt Lehrer musste in einer Turnhalle übernachten. Eine improvisierte Übernachtung mit Feldbetten und Currywurstsuppe – das kriegt man nicht überall, Abenteuer pur.

- Die **längste Klassenfahrt der Welt** veranstalteten 26 Schüler aus ganz Deutschland und der Schweiz im Jahr 2013. Sieben ganze Monate verbrachten sie auf hoher See und legten 13 000 Seemeilen auf einem Segelschiff zurück. Die Reisenden starteten in Hamburg und legten auf den Azoren einen Zwischenstopp ein. Von dort ging es weiter in die Karibik und über Teneriffa wieder zurück nach Deutschland.
- Eine **Klassenfahrt niederländischer Schüler** in die Karibik nahm durch die Corona-Pandemie eine abenteuerliche Wendung. Geplant war ein Flug von Amsterdam auf die Karibikinsel St. Martin, von dort aus sollten die Schüler an Bord eines Schiffs weiterreisen und im Sinne des Naturkundeunterrichts die tropischen Lebensräume erkunden. So weit der erste Teil des Plans, der gut funktionierte. Dann jedoch sollte die Klasse von Kuba aus zurück in die Niederlande fliegen – doch das verhinderte die Coronakrise. 25

Schüler aus den Niederlanden, zwischen 14 und 17 Jahre alt, saßen auf Kuba fest. Der einzige verfügbare Rückweg führte über den Atlantik. Die Reiseleitung beriet sich, man nahm Kontakt mit den Eltern auf, die Alternative wäre ein monatelanger Aufenthalt auf einer Karibikinsel gewesen, die nicht gerade berühmt für ihr Gesundheitssystem ist. Die Entscheidung fiel: Rückfahrt per Segelschiff. Der Toppsegelschoner *De Wylde Swan* hatte bereits mehr als 20-mal den Atlantik überquert, auch diesmal gelang die Überfahrt. Nach fünf Wochen auf hoher See – ohne Internet, dafür aber mit Segelunterricht – gingen die von ihren Eltern sehnsüchtig erwarteten Schüler, drei Lehrer und zwölf Besatzungsmitglieder im Hafen von Harlingen/Friesland an Land.

Nicht nur die Eltern von Teenagern fürchten die drohenden Exzesse ihrer Kinder auf Klassenfahrten. Sie sorgen sich bezüglich Alkohol, Gewalttätigkeiten und sexueller Fehltritte – stehen Sie ihnen zur Seite!

Eine **Klassenfahrt in Bosnien** hat gezeigt, dass die Sorge der Eltern von Teenagern vor drohenden Exzessen ihrer Kinder auf Klassenfahrten vielleicht nicht immer unbegründet ist. Von einer fünftägigen Reise kehrten sieben der 13 bis 14 Jahre alten Mädchen schwanger zurück.

ZAHLEN UND FAKTEN

Auch nackte Zahlen sagen viel über die Wirklichkeit aus. Leider lassen sie sich nicht immer so schön visualisieren wie im folgenden Beispiel: Würden alle deutschen Lehrerinnen und Lehrer gemeinsam in eine Stadt ziehen, wäre sie so groß wie Frankfurt am Main.

KLASSENGRÖSSE

Die Anzahl der Schüler in einer Klasse sagt nicht viel über die Qualität des Unterrichts aus. Trotzdem geben diese nackten Zahlen einen ersten Anhaltspunkt:

- Zwischen 1947 und 1949 lagen die durchschnittlichen Klassengrößen in Rheinland-Pfalz bei 47 (Volksschulen), 27,7 (Mittelschulen) und 28,5 Schülern (höhere Schulen).
- 1997 kamen in deutschen Grundschulen 22 Schüler auf einen Lehrer. 2010 reduzierte sich die Schülerzahl auf 17,2 und 2015 auf 16 Schüler pro Klasse.
- Im weltweiten Durchschnitt besuchen 24 Schüler eine Grundschulklasse.
- Spitzenreiter ist Norwegen: neun Schüler pro Klasse! In der Zentralafrikanischen Republik hingegen müssen sich 80 Schüler einen Lehrer teilen.
- In europäischen und zentralasiatischen Schulen unterrichtet jeder Lehrer und jede Lehrerin im Durchschnitt 18 Schüler, in Nordamerika sind es 15.
- Eine Klasse besteht in Deutschland aus durchschnittlich 17,2 Schülern. Die größten Klassen finden sich an Gymna-

sien bis zur Jahrgangsstufe 10. Hier beträgt die Klassengröße durchschnittlich 26,4.

GELD

Schulgeld müssen die Eltern nur noch für Privatschulen aufbringen, aber Schulkinder kosten trotzdem jede Menge Geld. Und was die öffentliche Hand angeht: Hinter den Bildungssystemen stecken gewaltige Summen, aus Steuermitteln finanziert.

- Die staatlichen Ausgaben pro Schüler an öffentlichen Schulen lagen 2015 durchschnittlich bei 6900 Euro pro Jahr. Das Schlusslicht bildete Nordrhein-Westfalen: nur 6000 Euro pro Platz im Klassenzimmer. Schleswig-Holstein, Rheinland-Pfalz und das Saarland zahlten nur wenig mehr.
- An der Spitze lag mit 8900 Euro die Hauptstadt Berlin, gefolgt von Hamburg (8600 Euro), Thüringen (8300 Euro) und Bayern (7800 Euro).
- Von allen Staatsausgaben des Bundes und der Länder fließen in Deutschland rund elf Prozent in Bildung, beispielsweise für Kitas, Schulen oder Universitäten. Im Vergleich der OECD-Länder liegt Deutschland damit auf Platz 23. Der Durchschnitt liegt bei 12,3 Prozent. Beim Vergleich der elf wirtschaftsstärksten Länder Europas positioniert sich die Schweiz mit rund 15,5 Prozent auf Rang eins. Schlusslicht ist Italien mit 9,2 Prozent.

- Von der Einschulung bis zur zwölften Klasse kostet eine Schullaufbahn die Eltern pro Schüler im Schnitt 20 696 Euro. Größter Ausgabenpunkt ist die Nachmittagsbetreuung der Kleinen mit rund 7911 Euro. Auf Platz zwei liegen die öffentlichen Verkehrsmittel mit 3593 Euro. Klassenfahrten finden sich mit 3000 Euro Kostenbelastung auf Platz drei.
- Auffallend sind die regionalen Unterschiede. Während sich Bayern und das Saarland ungefähr im Durchschnitt bewegen, liegen die elterlichen Schulkosten in Niedersachsen mit 27 335 Euro deutlich über dem Durchschnitt. Am günstigsten ist der Schulbesuch in Mecklenburg-Vorpommern. Hier werden für eine Schullaufbahn nur 14 896 Euro fällig.
- Wer eine Hauptschule besucht und danach eine dreijährige Berufsausbildung absolviert, kostet den Staat 90 400 Euro für Bildung. Für den Besuch eines Gymnasiums mit anschließendem Studium sind 124 100 Euro aus der Staatskasse nötig.
- Der Besuch einer Hauptschule kostet den Staat pro Schüler und Monat im Bundesdurchschnitt circa 525 Euro. Der Besuch eines Gymnasiums kostet durchschnittlich nur 483 Euro. Diese Angaben sind nur ungefähre Richtwerte; sie variieren in den einzelnen Bundesländern und Schulformen sehr stark. So kostet ein Platz im Gymnasium in Schleswig-Holstein 7400 Euro pro Jahr, in Berlin hingegen 10 400 Euro.
- Rund zwei Drittel aller Bildungsausgaben trägt das jeweilige Bundesland. Den Rest übernehmen Bund und Stadt bzw. Gemeinde.

- Angestellte Lehrer verdienen in ihrer gesamten Laufbahn bis zu 275 000 Euro weniger als ihre verbeamteten Kollegen. Das entspricht bis zu 1000 Euro netto pro Monat.

SCHULREKORDE

Wie in allen Bereichen lassen sich die bestehenden Fakten aus einem sportlichen Blickwinkel betrachten. Auch wenn man es zu sonst nichts bringt: Ein Rekord macht schon etwas her! Von Grundschule bis Universität – hier finden Sie die Extreme.

Altersrekorde

- Die **älteste deutsche Schulleiterin** im Jahr 2015 war Schwester Vestina von der Mädchen-Realschule Neustift im Landkreis Passau. Sie war zu diesem Zeitpunkt 75 Jahre alt und seit 50 Jahren als Lehrerin tätig.
- Die **älteste Lehrerin der Welt** war die Amerikanerin Agnes Zhelesnik. Noch im Alter von 102 Jahren unterrichtete sie an der Sundance School, einer Vorschule für Kinder bis zum Alter von fünf Jahren, in New Jersey. Sie starb im Jahr 2017, zwei Tage nach ihrem 103. Geburtstag. Ihre Tochter Agnes Arakelian unterrichtet seit 30 Jahren an der gleichen Schule.
- Die **jüngste Abiturientin** mit dem Notendurchschnitt 1,0 war bei ihrem Abitur 2019 genau 14 Jahre alt.

- Welche **Schule** in Deutschland die **älteste** ist, entscheidet sich jedes Jahr neu – und zwar durch ein Fußballspiel. Gleich zwei Schulen berufen sich auf ihre Gründung durch Karl den Großen: das Osnabrücker Carolinum aus dem Jahr 804 und das Paulinum in Münster, das 797 als Gründungsjahr nennt, dies aber nicht mit einer Urkunde belegen kann. Also entscheidet jedes Jahr wieder der Fußball – der Sieger des Spiels darf sich für die nächsten zwölf Monate als älteste Schule Deutschlands bezeichnen.
- Studieren hält den Geist fit. Im Alter von 89 Jahren war der baden-württembergische Rentner Eugen Knebel im Jahr 2015 Deutschlands bisher **ältester Student**. Knebel studierte Philosophie und Slawistik an der Universität Tübingen. Seinen Kommilitonen hatte Knebel aber bereits zwei Meisterbriefe im Handwerk voraus.
- Der **älteste Uni-Absolvent der Welt** ist der australische Urgroßvater Allan Stewart. Im Alter von 97 Jahren absolvierte er im Jahr 2012 seinen Master in Gesundheitswissenschaften an der Universität Sydney. Bereits 2006 hatte Stewart ein Jura-Studium absolviert und es damit als ältester Absolvent der Welt ins *Guinness-Buch der Rekorde* geschafft. 2012 hat er seinen eigenen Rekord noch einmal überboten. Seinen ersten Uniabschluss hatte Stewart bereits im Jahr 1936 in Zahnmedizin erhalten.

Größer, kleiner, höher

- Die weltweit **größte Schule** ist in Indien, sie wird von 44 000 Schülerinnen und Schülern besucht.
- Die **kleinste Schule Deutschlands** ist eine Grund- und Hauptschule auf der Hallig Gröde. Die beiden einzigen Schüler – Klasse 1 und 6 – teilen sich ein 16 Quadratmeter großes Klassenzimmer und haben eine gemeinsame Lehrerin.
- Die **kleinste Schule der Welt** befindet sich im italienischen Alpette, 66 Kilometer nördlich von Turin. Hier wird die kleine Sofia Viola allein von Lehrerin Isabella Carvelli unterrichtet, und zwar in allen Fächern. Solange es noch mindestens einen Schüler gibt, wollen die italienischen Behörden die Schule erhalten.
- Die **größte Schule Deutschlands** ist eine Gesamtschule in Freigericht/Hessen. Sie wird von 2438 Schülern besucht, die mit Schulbussen von weit her zum Unterricht anreisen. Eine Jahrgangsstufe besteht aus bis zu acht Klassen.
- Die **nördlichste Schule Deutschlands** ist die Norddörferschule in Wennigstedt auf Sylt. Die Grundschule liegt in Sichtweite eines Leuchtturms am Wattenmeer und grenzt an einen Golfplatz, auf dem manchmal auch die Schüler spielen dürfen.
- Die **höchste Schule der Welt** ist die Grundschule Phumachangtang in Tibet. Sie liegt auf einer Höhe von 5373 Metern über dem Meeresspiegel und liegt damit sogar 200 Me-

ter höher als das Basislager des Mount Everes, des höchsten Bergs der Erde.

- Der **längste Schulweg eines Schülers in Deutschland** ist 35 Kilometer – pro Richtung. Er wohnt in Sachsen.
- Kaum eine deutsche Klasse hat noch keinen Ärger für das Aus-dem-Fenster-Werfen von Papierfliegern bekommen. Auch in den Hörsälen deutscher Universitäten gehören kunstvoll gestaltete Flieger aller Art zum Gesamtbild. Ganz besonders natürlich in den Hörsälen von Luft- und Raumfahrttechnikern, wie sich im Jahr 2013 zehn Studenten der Technischen Universität Braunschweig dachten. Zusammen mit fünf Ingenieuren und einem Schüler bastelten sie rund 2500 Stunden am **größten flugfähigen Papierflieger** der Welt. Seine Flügelspannweite von 18 Metern sicherte den Studenten einen Eintrag im *Guinness-Buch der Rekorde.*

Rekorde im Sitzenbleiben

Mitarbeiter des Preis- und Produktvergleichsportals billiger.de haben für das Schuljahr 2014/15 ein ganz besonderes Produkt untersucht: Schüler. Sie stellten die Daten von 122 deutschen Städten mit mehr als 100 000 Einwohnern zusammen, welche sie von den Kultusministerien, den Schul- und Kommunalbehörden sowie den Statistischen Ämtern des Bundes und der Länder sowie aus direkten Anfragen bei den Schulen bezogen. Veröffentlicht wurden die Ergebnisse der Studie in der *Deutschen Handwerks Zeitung.*

Die Top 15 der Sitzenbleiber-Städte:

Stadt	Sitzenbleiber pro 1000 Schüler	Anzahl Sitzenbleiber absolut
1. Coburg	39	224
2. Fürth	37	395
3. Hof	37	189
4. Weiden/Oberpfalz	35	206
5. Hanau	35	409
6. Bamberg	35	297
7. Nürnberg	35	1321
8. Bayreuth	34	299
9. Schweinfurth	33	238
10. Rosenheim	33	253
11. Salzgitter	33	322
12. Schwerin	32	269
13. Gießen	32	357
14. Neubrandenburg	32	200
15. Kempten	30	218

Gegen die Uhr

55 Stunden lang wach zu bleiben ist für die meisten Menschen eine unvorstellbare Herausforderung. Aber stellen Sie sich vor, Sie müssten über die gesamte Zeit auch noch in der Schule am Unterricht teilnehmen. 29 Schüler einer privaten Wirtschaftsschule in Regensburg ließen dies über

sich ergehen. Ihr Ziel: den Weltrekord für den **längsten am Stück gehaltenen Unterricht** aufzustellen. Ihre Zielzeit legten die Schüler dafür auf 55 Stunden, 55 Minuten und 55 Sekunden. Acht Lehrer wechselten sich für das Experiment mit dem Unterrichten ab. Ihre Hauptaufgabe war weniger die Vermittlung von Wissen als die Aufrechterhaltung des Interesses ihrer Schüler am Unterricht.

Die **längste Vorlesung der Welt** wurde im Jahr 2002 an der Universität Trier zum Thema »Technik und Gesellschaft« gehalten und dauerte ganze 52 Stunden. Das ist genug Zeit, um in manchen Fächern den Stoff eines ganzen Semesters zu präsentieren. Immerhin 24 Studenten hielten bis zum Ende durch – 20 mussten es nach dem Reglement für einen Rekord dieser Art mindestens sein. Die Studenten und ihr Dozent erhielten für ihre Leistung einen Eintrag in das *Guinness-Buch der Rekorde*.

Nicht um ausdauernde Leistung, sondern um möglichst schnelles Arbeiten geht es bei einem anderen Kampf gegen die Uhr: Beim **Adam-Ries-Wettbewerb** im sächsischen Annaberg-Buchholz, den es seit 1981 gibt, kämpfen 40 Schüler der fünften Klasse aus Sachsen, Thüringen, Bayern und Tschechien um den Titel des besten Rechenkünstlers. Der Wettbewerb trägt nicht nur den Namen des historischen Mathematik-Genies, sondern wird auch noch von einem Nachfahren mitorganisiert: Der junge Mathematiker Norman Bitterlich ist mit Adam Ries in 14. Generation verwandt und hat 2009 selbst den Adam-Ries-Wettbewerb gewonnen.

MENSCHEN IN DER SCHULE

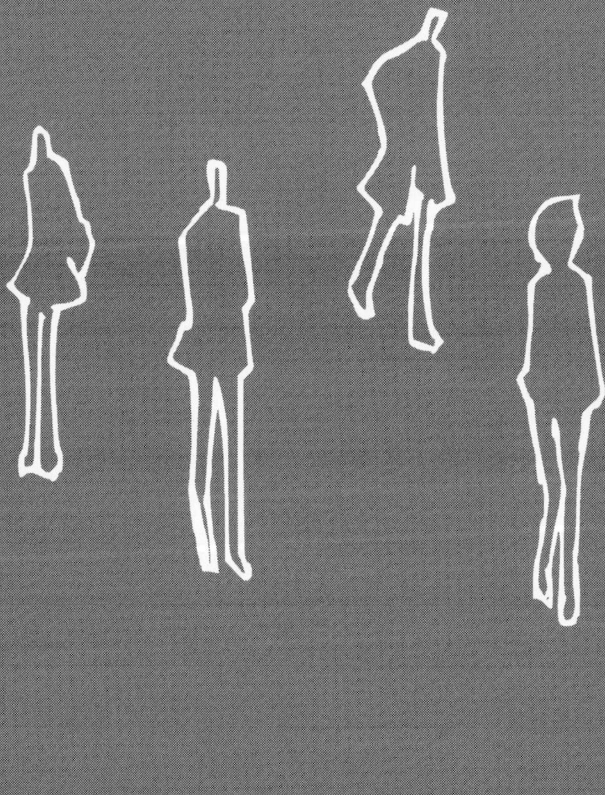

Die Erfahrungen, die Menschen in der Schule machen, prägen sie für ein Leben. Dabei sind es oft andere, als ihnen die Pädagogik und der Lehrkörper einreden wollen. Die Schule produziert weitaus mehr Menschentypen als solche mit Hauptschulabschluss oder Abitur. Und es geht auch ohne komplette Schulkarriere.

BERÜHMTE SCHULABBRECHER

Sie werden auch Ihre schlechtesten Schüler mit anderen Augen sehen, wenn Sie die folgende Liste der Schul- und Studienabbrecher zur Kenntnis genommen haben.

Schule abgebrochen

Die folgenden Prominenten sollen – wie die üblichen einschlägigen Kreise im Netz und in den Medien angeben – ohne einen Schulabschluss durchs Leben gehen oder gegangen sein.

- Avril Lavigne, Popstar
- Cameron Diaz, Schauspielerin
- Catherine Zeta Jones, Schauspielerin
- Drew Barrymore, Schauspielerin
- Eminem, Rapper
- Henry Ford, Unternehmer und Automobilmilliardär
- Jay-Z, Rapper
- John D. Rockefeller, Unternehmer und Ölmilliardär
- Johnny Depp, Schauspieler

- Jude Law, Schauspieler
- Katy Perry, Sängerin
- Lev Leviev, der Diamantenkönig aus Usbekistan, Milliardär
- Li Ka-shing, der reichste Mensch Asiens, Milliardär
- Mark Twain, Schriftsteller
- Oprah Winfrey, Moderatorin, Milliardärin
- Pink, Sängerin
- Richard Desmond, Medienmogul, Milliardär
- Ryan Gosling, Schauspieler
- Sido, Rapper
- Richard Branson, Unternehmer, Milliardär
- William Shakespeare, Schriftsteller
- Winston Churchill, Premierminister

Studium abgebrochen

Offenbar ist ein abgeschlossenes Studium für einen exorbitanten Erfolg nicht unbedingt nötig. Es scheint auch, dass mancher das falsche Fach studiert hat; welches es war, finden Sie hinter dem Namen:

- Bill Gates, Softwaremilliardär (Mathematik)
- Brad Pitt, Schauspieler (Journalismus und Werbung)
- Charles Darwin, Naturforscher (Medizin)
- Eric Clapton, Rockstar (Kunst)
- Johannes B. Kerner, Moderator (Betriebswirtschaftslehre)
- Herbert Grönemeyer, Sänger (Musik- und Rechtswissenschaften)

- John Mayer, Popstar (Gitarre)
- Lady Gaga, Sängerin (Musik)
- Lew Nikolajewitsch Tolstoi, Schriftsteller (Jura)
- Mark Zuckerberg, Facebook (Informatik und Psychologie)
- Michael Dell, Dell Computer (Medizin)
- Mick Jagger, Rockstar (Betriebswirtschaftslehre)
- Natascha Bedingfield, Sängerin (Psychologie)
- Reinhold Messner, Bergsteiger (Vermessungskunde)
- René Obermann, Telekom (Volkswirtschaftslehre)
- Stefan Raab (Jura)
- Steven Spielberg, Regisseur (Film)
- Thomas Anders, Musiker, Teil des Duos Modern Talking (Germanistik, Publizistik und Musikwissenschaften)
- Vincent van Gogh, Maler (Theologie)
- Warren Buffett, Börsenmagnat (Wirtschaftswissenschaften)
- Wolfgang Joop, Modedesigner (Werbepsychologie, Kunsterziehung)

JUNGTALENTE

Man kann nicht früh genug anfangen. Nicht jeder muss, wie bereits gesagt, die ausgetretenen Pfade des Schulsystems beschreiten. Besonders bei hoher Begabung lassen sich hier und da auch effektive Abkürzungen finden …

- Der jüngste Student der Welt ist der Brite **Joshua Beckford,** geboren 2004. Schon im Alter von sechs Jahren wurde er nicht etwa an einer Grundschule, sondern an der Universität Oxford eingeschrieben, Fächer Philosophie und Geschichte. Bereits im Alter von zehn Monaten hatte Joshua, bei dem Autismus diagnostiziert wurde, außergewöhnliche Fähigkeiten entwickelt. Sein Vater zeigte ihm Buchstaben auf seiner Computertastatur und Joshua war in der Lage, sich die einzelnen Buchstaben und Zahlen einzuprägen. Im Alter von sechs Jahren hatte er bereits Japanisch als erste Fremdsprache erlernt. Die Studiengänge Geschichte und Philosophie hat Joshua übrigens im Alter von zwölf Jahren mit Auszeichnung beendet.

Seit der Einführung von G8 in NRW und dem Abgang des ersten G8-Abiturjahrgangs im Jahr 2013 hat die Zahl der Minderjährigen an deutschen Universitäten stark zugenommen. Fast **4000 Minderjährige** sind inzwischen an deutschen Hochschulen eingeschrieben. Problematisch ist das nicht nur bei der Wohnungssuche und dem Führen eines eigenen Haushalts. In der Regel dürfen Universitäten ohne Zustimmung der Eltern noch nicht einmal einen Universitätsausweis ausstellen. Geändert haben dies inzwischen Baden-Württemberg und NRW. Hier sind nach einer Änderung des Landeshochschulgesetzes auch Minderjährige voll handlungsfähig, wenn es um Entscheidungen bezüglich des Studiums geht.

LEHRER SIND GANZ BESONDERE MENSCHEN

Seit 1994 ist jedes Jahr am 5. Oktober der internationale Tag des Lehrers – ein Termin, an dem man sich Gedanken darüber machen sollte, in welcher Lage sich Pädagogen in unseren verwirrenden Zeiten befinden. Auf jeden Fall blicken sie auf eine lange Tradition zurück: Das Wort »Lehrer« leitet sich vom althochdeutschen »lêrâri« ab, das »einer, der durch Nachspüren Wissen macht« bedeutet. Das Wort ist bereits seit dem 8. Jahrhundert in Gebrauch.

- Nicht ganz so alt ist ein deutscher Lehrer – im Durchschnitt 48,1 Jahre. Mehr als die Hälfte aller Lehrer an weiterführenden Schulen ist älter als 50 Jahre.
- Ein Drittel aller Lehramtsstudenten gab an, sich für den Studiengang entschieden zu haben, weil man als Lehrer mehr Freizeit hat.
- Ein Lehrer gibt wöchentlich circa 24 Unterrichtsstunden. Für Korrekturen benötigt er wöchentlich 19 Stunden. Zusammen mit weiteren Arbeiten kommen Lehrer nach eigenen Angaben auf 45 bis 50 Stunden Arbeit pro Woche.
- Obwohl 82 Prozent der Deutschen den Schullehrern ihr Vertrauen aussprechen, sind 62 Prozent der Meinung, Lehrer würden ihren Unterricht zu einfach gestalten.
- Kranke Lehrer: Jeden Tag fallen in Deutschland circa 13 500 Schulstunden wegen fehlender Vertretungslehrer aus.
- 95 Prozent aller Lehrer geben an, ihren Beruf zu mögen. Viele davon beschreiben ihn sogar als ihren Traumberuf.

Liebe zum Job hin oder her: Weniger als 20 Prozent aller befragten Lehrer würden ihren Kindern empfehlen, ebenfalls Lehrer zu werden.

- 50 Prozent aller Lehrer finden, dass ihre Arbeit in den letzten fünf bis zehn Jahren mühsamer geworden ist.
- Der Lärmpegel in einem Klassenzimmer entspricht mit 70 bis 75 Dezibel in etwa dem eines Rasenmähers oder Staubsaugers.
- 63 Prozent der älteren und sogar schon 53 Prozent der jüngeren Lehrer gaben an, sich ausgebrannt zu fühlen. Als Ursache nannten viele zu laute Klassen. Silentium!
- Mehr als 80 Prozent der Deutschen glaubten nach dem »Global Teacher Status Index 2013«, dass Lehrer von ihren Schülern nicht ausreichend respektiert werden. Besonders zu kämpfen haben Grundschullehrer. Schulleiter und Lehrer an weiterführenden Schulen stehen etwas besser da.
- Ganz und gar nicht gut für das Ansehen und den Respekt gegenüber Lehrern ist kriminelles Verhalten: In Niedersachsen ließ sich eine Lehrerin krankschreiben, um ihre Tochter im RTL-Dschungelcamp zu besuchen. Die Folge wurde im Fernsehen ausgestrahlt und ihr falsches Attest fiel natürlich auf. Die Landesschulbehörde untersagte ihr den weiteren Antritt des Unterrichts. Die Berufung der Lehrerin vor dem Oberverwaltungsgericht scheiterte und die Lehrerin wurde aus dem Beamtenverhältnis entfernt.
- Parlamentarier sind doch alle Lehrer! Stimmt nicht, zumindest nicht mehr. Im Jahr 2018 waren die Juristen die

größte im Bundestag vertretene Berufsgruppe. 152 von insgesamt 709 Abgeordneten hatten ein juristisches Studium abgeschlossen. Auf Platz zwei lagen die Wirtschaftswissenschaftler mit 115 Abgeordneten. 61 Politikwissenschaftler schafften es auf Platz drei und die 35 Lehrer im Bundestag teilten sich lediglich Platz vier. Aber auch exotischere Berufe wie Militärseelsorger, Bestatter und sogar Diamantgutachter waren zu finden.

Die gedruckte Zeitung kommt aus der Mode, auch bei Lehrern. Nur 20 Prozent aller in einer Studie der Universität Dresden befragten Lehramtsstudenten gaben an, mehrmals pro Woche eine gedruckte Zeitung zu lesen. 40 Prozent gaben an, nie gedruckte Zeitungen zu lesen. Für die Mehrheit der Lehramtsstudenten waren soziale Medien die Hauptquelle ihrer Informationen. Nur ein Drittel aller Befragten wusste, dass Journalisten in Deutschland keine Lizenz für die Ausübung ihrer Tätigkeit benötigen, und 40 Prozent waren sogar überzeugt, dass für einen Bericht über ein staatliches Ministerium eine offizielle Erlaubnis vorhanden sein muss.

Außergewöhnliche Lehrer

In der Schule läuft nicht immer alles nach Schema F – engagierte Pädagogen bereichern den Alltag mit überraschenden Aktionen und großartigen Ideen, welche die Welt ihrer Schüler etwas besser machen. Leider werden derartige Leistungen oft übersehen und vergessen. Setzen wir ihnen hier ein kleines Denkmal.

Alle hier in einem knappen Satz geschilderten Ereignisse sind tatsächlich geschehen. Es gab diese Helden des pädagogischen Alltags tatsächlich. Zu nennen sind hier …

- ... der Erdkundelehrer, der eine große Weltkarte aus freier Hand und ohne Vorlage an die Tafel zeichnen konnte, weil es in seiner Schule keine Weltkarte gab.
- … der Chemielehrer, der sich als der Hauptdarsteller von *Breaking Bad* verkleidete, um seinen Unterricht spannender zu gestalten.
- … der Geschichtslehrer, der in voller Ritterrüstung im Unterricht erschien, um das Leben in der Vergangenheit anschaulicher zu machen.
- … der Lehrer, der die Kinder einer Familie mit einem gefährlichen Schulweg jeden Tag nach Hause begleitete.
- … der Lehrer, der eine kranke Schülerin jeden Tag im Krankenhaus besuchte und ihr berichtete, was in der Schule geschehen war.
- … der Lehrer, der einen Schüler nach einem Tornado aus den Trümmern der Schule rettete.
- … der Lehrer, der morgens jeden seiner Schüler mit einem Lob begrüßte.
- … die Lehrerin, die gemeinsam mit einem ihrer Schüler bei *Wer wird Millionär?* auftrat.
- … die Lehrerin, die sich die Frisur einer Schülerin machen ließ, weil diese wegen ihrer Haare gehänselt wurde.

- … die Lehrerin, die ein Trikot mit aufgedruckten Organen trug, um den Kindern besser die menschliche Anatomie erklären zu können.
- … die Lehrerin, die ihr Hochzeitskleid von ihrer Klasse im Kunstunterricht gestalten ließ.
- … die Lehrerin, die ihre ganze Klasse zu ihrer Hochzeit einlud.

Der Pädagoge und der Alkohol

Von all den Rauschmitteln, die Lehrer unter ihren Schülern in der Schule antreffen, ist Alkohol sicher das geläufigste. Engagierte Pädagogen sollten alles tun, um vor den Gefahren des Trinkens zu warnen. Was tun gegen Komasaufen und andere Formen des Alkoholmissbrauchs? Ein ganz besonderes Präventionsprojekt führte man in der Heimatstadt der Bundeskanzlerin Angela Merkel durch: Die Oberschule von Templin (Uckermark) lud die rund 90 Schüler ihrer neunten Klassen zum betreuten Trinken ein.

- Das Projekt »Lieber schlau statt blau« diente der Suchtvorbeugung. Die Jugendlichen sollten sich unter Aufsicht ihrer Lehrer bis zu 0,8 Liter Wein oder 1,3 Liter Bier zu Gemüte führen, und das sogar, wenn sie zuvor niemals Alkohol getrunken hatten. Die Schnapsidee, gegen die sich viele Eltern wehrten, wurde sogar mit Steuergeldern bezahlt.

Hier ein paar Fakten zum Thema Alkohol, nicht nur die Schule betreffend:

- Falls Sie Durst bekommen: In jedem einzelnen Augenblick sollen etwa 0,7 Prozent der Weltbevölkerung betrunken sein, was etwa 54 Millionen Menschen entspricht.
- Jugendliche sind in Deutschland im Durchschnitt etwa 16,4 Jahre alt, wenn sie ihren ersten Alkoholrausch erleben. Den ersten Alkohol trinken sie – in kleiner Menge und ohne nachfolgenden Rausch – mit 14,9 Jahren.
- 70 Prozent der 16- bis 21-Jährigen in Deutschland sagen von sich, dass sie Alkohol nur gelegentlich oder nie konsumieren.
- Die durchschnittliche Leber eines Erwachsenen in Deutschland muss pro Jahr 14,6 Liter reinen Alkohol verarbeiten. Diese verteilen sich auf durchschnittlich konsumierte
    - 105,9 Liter Bier,
    - 20,5 Liter Wein,
    - 5,4 Liter Spirituosen,
    - 3,7 Liter Schaumwein/Sekt.
- Wer Alkohol trinkt, fügt seinem Körper auch Nährstoffe in nicht geringer Menge zu. So stecken in einer Flasche Bier (500 Milliliter) rund 215 Kilokalorien, etwa so viel wie in 75 Gramm Pommes frites oder 670 Gramm Erdbeeren.
- Jeder sechste junge Deutsche – etwa 2,6 Millionen Kinder und Jugendliche – lebt in Familien mit mindestens einem alkoholkranken Elternteil.
- Jeden Tag sterben in Deutschland Schätzungen zufolge etwa

200 Menschen an den Folgen von Alkoholmissbrauch, meist in Kombination mit den negativen Wirkungen des Rauchens. Das entspricht 74 000 Todesfällen im Jahr. Alkoholbedingte Unfälle berücksichtigen diese Zahlen nicht.

DER SCHULALLTAG

Mobbing, Sitzenbleiben, Schüleraustausch, Schulstress, Elternsprechtag, die eigentliche Unterrichtspraxis bis hin zum Heimweh auf Klassenfahrten – Themen gibt es genug, die Schüler, Lehrer und Eltern auf Trab halten.

EINSCHULUNG: KOMMT NICHT IN DIE TÜTE

Kommen wir nach den höheren akademischen Weihen jetzt zum Anfang aller Bildung. So geht es in der Schule los: Schultüten sollen den bis zu diesem Zeitpunkt noch freilaufenden Kindern den Verlust ihrer Freiheit versüßen. Du musst jetzt in die Schule, aber als Entschädigung kriegst du eine gewaltige Kalorienbombe. Vermutlich werden Schultüten deshalb in manchen Teilen Deutschlands auch Zuckertüten genannt. Die mehr oder weniger gut gefüllte Spitztüte wird den Schulanfängern in Deutschland seit dem 19. Jahrhundert überreicht.

- 99 Prozent aller Kinder bekommen eine Schultüte zum ersten Schultag. Die Eltern geben im Durchschnitt 60 Euro für eine Schultüte samt Füllung aus.
- Viele machen es sich einfach: Nur jede vierte Schultüte in Deutschland wird von den Eltern selbst gebastelt.
- Besonders beliebt sind bei Eltern Süßigkeiten in der Schultüte. 88 Prozent aller Eltern packen sie hinein. Außerdem entscheiden sich 52 Prozent für Spielzeug und 42 Prozent für ein Buch oder eine Zeitschrift als Geschenk zur Einschulung.

- In den Niederlanden werden Kinder mit dem auf ihren fünften Geburtstag folgenden Monatsersten eingeschult. Das führt dazu, dass in der ersten Jahrgangsstufe jeden Monat neue Kinder begrüßt werden und eine kleine Einschulungsfeier abgehalten wird. Möglich ist dies, da Kinder in den ersten zwei Schuljahren in den Niederlanden nur spielerisch an das Lernen herangeführt werden. In einem britischen oder deutschen Schulsystem wäre diese Form der permanenten Einschulungen nicht möglich.
- In Russland beginnt für Erstklässler das Schuljahr stets am 1. September, dem sogenannten Wissenstag. Selbst dann, wenn der 1. September auf einen Sonntag fällt. Zum Wissenstag werden feierliche Einschulungsveranstaltungen abgehalten. Auch in der DDR hatte der Wissenstag eine Tradition als Einschulungstag. Hier erfolgte die eigentliche Einschulung aber erst am Montag danach.

HAUSAUFGABEN

Der Unterricht dauert schon lang genug – warum dann in der ohnehin knappen Freizeit zu Hause noch weitermachen? Die Diskussion um die Sinnhaftigkeit von Hausaufgaben ist nicht neu. Es gibt sie schon so lange, wie es Hausaufgaben gibt.

- 1901 wurden in Kalifornien Hausaufgaben für unter 15-jährige Schüler erstmals verboten. Bis zum Jahr 1929 wurde das Verbot allerdings in allen Schulen wieder abgeschafft.

- China verfügt über eines der härtesten Bildungssysteme der Welt und chinesische Städte belegen seit Jahren Plätze in den Top Ten der PISA-Studien. Besonders hart haben es chinesische Schüler in Shanghai. Durchschnittlich sitzt ein Schüler dort täglich zwei Stunden an Hausaufgaben, und das sieben Tage jede Woche.

Wie viele Hausaufgaben dürfen Schüler eigentlich maximal bekommen? Zwar gibt es keine einheitliche gesetzliche Regelung, die Rechtsprechung hat in der Praxis dennoch folgende Höchstmengen für zulässig erachtet:

- In der ersten und zweiten Klasse sollten Schüler maximal 30 Minuten Hausaufgaben pro Tag erhalten.
- In der dritten und vierten Klasse erhöht sich die maximale Dauer auf 60 Minuten.
- In der fünften und sechsten Klasse sind es bereits 90 Minuten und dann bis zur zehnten Klasse 120 Minuten pro Tag. Für die darauf folgenden Klassenstufen gibt es keine allgemein anerkannte Höchstgrenze.
- Homeoffice für Schüler? Der Konstanzer Professor Dr. Guido Schwerdt hat untersucht, wie gut digitales Lernen zu Hause funktioniert. Er verglich die Leistungen von Schülern der Florida Virtual School mit denen von Schülern traditioneller Highschools. Dabei kam heraus, dass die Schüler der Onlineschule in fast allen Disziplinen im Durchschnitt besser waren als die Schüler der traditionellen Highschool.

ZENSUREN

Welcher gemeine Kerl hat eigentlich die Schulnoten erfunden? Das waren die Jesuiten im 16. Jahrhundert. Sie führten fünf verschiedene Schulnoten ein und trennten die Klassen erstmals nach Jahrgangsstufen. Ihr revolutionäres System hat in großen Teilen bis heute Bestand.

- Im Jahr 1938 wurde erstmals die Schulnote »Sechs« eingeführt. Bis dahin kannte man an deutschen Schulen nur fünf Schulnoten. Die sechste Schulnote sollte eine klare Abgrenzung zwischen einer guten Note (Eins bis Drei) und einer schlechten (Vier bis Sechs) schaffen. Bis dahin bewerteten Lehrer ihre Schüler allzu häufig mit der neutralen Note »Drei«, die bei fünf Noten in der Mitte steht.
- In der DDR kehrte man nach dem Zweiten Weltkrieg vom sechsstufigen Notensystem wieder zu fünf Schulnoten zurück. Das führte dazu, dass die Schulnoten von West- und Ostdeutschen nach der Wiedervereinigung von 1990 nur schwer miteinander vergleichbar waren. Daher entschied man sich dazu, die Noten der DDR um den Faktor 1,2 bis 1,3 nach unten zu korrigieren, um die Vergabe von Studienplätzen einheitlich zu regeln. Dies wurde vom Bundesverfassungsgericht allerdings für ungültig erklärt.
- Im Jahr 2007 führte die nordrhein-westfälische Landesregierung nach langer Diskussion sechs verschiedene Kopfnoten ein, um das Verhalten ihrer Schüler unabhängig von ihren akademischen Leistungen zu bewerten. Bereits 2008 wurde

jedoch die Hälfte von ihnen wieder gestrichen. 2010 wurden nach einem Regierungswechsel schließlich alle Kopfnoten wieder abgeschafft.

- Fast jeder kennt es aus amerikanischen Serien: Die Note »Eins« ist in den USA ein »A«, die Note »Sechs« ein »F«, also der sechste Buchstabe im Alphabet. Folglich ist die »Zwei« ein »B« die »Drei« ein »C«, die »Vier« ein »D« und die »Fünf« ein ... Falsch! Im US-amerikanischen Notensystem gibt es keine Fünf. Die Fünf beziehungsweise »E« wird einfach übersprungen. »D«, also Vier, steht für bestanden, »F« bedeutet nicht bestanden. Das Notensystem in den USA hat also nur fünf Noten. Ähnlich wie in Deutschland können die Noten jedoch mit einem Plus oder Minus ergänzt werden.
- In der Schule haben sich viele davor gefürchtet, es ist nicht erlaubt und trotzdem haben es viele Lehrer getan: Klassenarbeiten vor dem Verteilen nach Noten sortiert. Besonders problematisch ist es, wenn die Verteilung der Noten vorher der Klasse verkündet worden ist. Schüler müssen dann nur noch herunterzählen und können, zumindest theoretisch, die genaue Note eines jeden Mitschülers ermitteln. Dies läuft dem Recht der Schüler auf Verschwiegenheit zuwider. Lehrer sind allerdings verpflichtet, den Durchschnitt aller Noten zu verkünden.
- Was passiert eigentlich mit Lehrern, die nur gute Noten vergeben? Sie werden strafversetzt. Sogar dann, wenn sie gar nichts dafürkönnen und ihre Schüler einfach besonders gut

sind. Das ist einer Grundschullehrerin in Bayern passiert. In ihrer Klasse gab es auffallend viele gute Noten. Daraufhin wurde sie von der Schulaufsicht zur Rede gestellt und ermahnt, den Notendurchschnitt bei Drei zu halten und alle Noten auf der Notenskala zu vergeben. Leider war ihr das nicht möglich und sie wurde versetzt.

SITZENBLEIBEN

Ein Blick in den Briefkasten, der Schock: Da ist er, der gefürchtete blaue Brief: »... ist die Versetzung Ihres Sohnes/Ihrer Tochter leider gefährdet.« Volljährige Schüler erhalten ihn an die eigene Adresse. Nach wie vor ist das Sitzenbleiben eine Delle in jedem Lebenslauf ...

- Rund 23,1 Prozent aller Schüler wiederholen bis zu ihrem 15. Lebensjahr mindestens einmal eine Jahrgangsstufe.
- Die meisten Sitzenbleiber pro 100 Schüler leben in Bayern. 3,9 Prozent aller Schüler wiederholen dort jedes Jahr die Jahrgangsstufe.
- Den niedrigsten Anteil hat Berlin mit nur 1,1 Prozent.
- NRW liegt mit 2,3 Prozent pro Jahr genau im Bundesdurchschnitt.
- Am geringsten ist der Anteil der Sitzenbleiber in Grundschulen. Am höchsten ist die Wahrscheinlichkeit für eine Klassenwiederholung an Realschulen.

DER ROTSTIFT

Warum schreiben Lehrer eigentlich mit Rot?

- Wenn ein Lehrer mit einem roten statt mit einem Stift in einer anderen Farbe korrigiert, findet er 26 Prozent mehr Fehler.
- Ein äußerst beliebtes Arbeitsgerät für Lehrer ist der Rollerball-Korrekturstift bionic von Stabilo. Er liegt nach Pädagogenauskunft besonders gut in der Hand und zeichnet sich durch ein sehr sauberes Schriftbild aus. Im Einsatz bewährten sich auch die weiche Griffzone, die rutschfeste Oberfläche sowie die transparente Tintenstand-Kontrolle. Nachfüllen kann man ihn natürlich auch.
- Bedenkenswert? Nach einer Studie von Richard Dukes und Heather Albanesi von der University of Colorado spielt die Farbe des Korrekturstifts bei der Einschätzung der sozialen Beziehung eine entscheidende Rolle. Die am Test teilnehmenden Studenten bewerteten das Verhältnis zwischen Lehrern und Studenten deutlich schlechter, wenn Rot als Korrekturfarbe gewählt worden war.

SPIRITUS-CARBON-VERFAHREN – IM RAUSCH DER ARBEITSBLÄTTER

Wenn der Lehrer keine Lust zum Reden hat, dann nimmt er schnell ein Arbeitsblatt. Vor der Einführung des Kopierers an Schulen um das Jahr 1980 wurden Papiere mit der Spiritus-Carbon-Methode vervielfältigt. Dabei wurden Texte mithilfe einer Schreibmaschine ohne Farbband auf eine Matrize geprägt, die anschließend auf eine Walze in einer Art Druckmaschine gelegt wurde. Durch Kurbeln konnten nun relativ viele Abdrucke des Originals erstellt werden.

- Schüler waren von dieser Art von Unterrichtsmaterialien begeistert, denn als Lösungsmittel wurde beim Druckvorgang Spiritus verwendet. Schon für die ersten Klassen brachte das Verfahren angenehme Rauschzustände. Sie schnüffelten ohne jede Hemmung, bis ihnen schwindlig wurde, an den frisch durchgedrehten Blättern, die noch reichlich Spiritusdämpfe abgaben …

LINKSHÄNDER

Schreiben mit der rechten statt der linken Hand? Das schafft man doch mit links! Wirklich? Es ist immer und überall ein Problem, etwas anders zu sein als die anderen …

- Ludwig van Beethoven und Pablo Picasso waren Linkshänder wie auch Aristoteles, Leonardo da Vinci, Isaac Newton oder Friedrich Nietzsche, Johann Wolfgang von Goethe und Wolfgang Amadeus Mozart, um nur einige zu nennen.
- Der ehemalige US-Präsident Barack Obama unterschrieb seine Dokumente mit links wie auch Friedrich der Große, Napoleon Bonaparte, Königin Viktoria l. Mahatma Gandhi, Franz Josef Strauß, Fidel Castro und Bill Clinton.

- Auch in der Musik spielen Linkshänder eine große Rolle: Paul Simon, Bob Dylan, Jimi Hendrix, David Bowie, Sting, Phil Collins, Kurt Cobain und 50 Prozent der Beatles (Ringo Starr und Paul McCartney) nutzten und nutzen lieber ihre linke Hand als die rechte.
- Bei den Filmschaffenden war es nicht nur Charlie Chaplin – Greta Garbo, Klaus Kinski, Marilyn Monroe, Mario Adorf, Goldie Hawn, Kim Basinger, Bruce Willis, Demi Moore, Julia Roberts und Angelina Jolie hatten und haben eine dominante linke Hand.
- Geschätzte 10 bis 15 Prozent der Weltbevölkerung sind linkshändig. Andere Quellen geben eine größere Schwankungsbreite an, nämlich 5 bis 25 Prozent Linkshänder, und betonen, der genaue Anteil sei stark vom Kulturkreis abhängig.
- Noch bis in die 1970er-Jahre war es in Deutschland gängige Praxis, Linkshänder zu Rechtshändern umzuerziehen. Es ist allerdings nicht möglich, die Händigkeit eines Menschen zu verändern, denn sie ist angeboren.
- Untersuchungen der Gehirne umerzogener Linkshänder zeigten, dass beim Schreiben und Arbeiten mit der rechten Hand trotzdem jene Areale im Gehirn aktiv waren, die Bewegungen der linken Hand steuern und verarbeiten.
- Man vermutet heute, dass sich eine Umerziehung der Händigkeit negativ auf die Leistungen von Schülern auswirken kann. Auch der mit der Umerziehung einhergehende psychische Druck belastet betroffene Kinder oft sehr.

REDEWENDUNGEN

Selbstredend, dass viele Jahrhunderte Schule auch in unserer Sprache Niederschlag gefunden haben. Jeden Tag stößt der wache Geist auf Weisheiten und Redensarten, die ihren Ausgangspunkt im Lehrerzimmer oder im Klassenraum genommen haben.

- ein Beispiel sollte Schule machen
- aus der Schule plaudern
- die Schulbank drücken
- ein Kavalier alter Schule
- durch eine harte Schule gehen
- die hohe Schule
- Nicht für die Schule, fürs Leben lernen wir!

SPONTISPRÜCHE

In den 1980er-Jahren hatten die sogenannten Klo- oder Spontisprüche Hochkonjunktur, kritische und hochpolitische, aber immer lustige Kommentare zum Zeitgeschehen – also auch zu dem, was an den Schulen vor sich ging:

- Ach wie gut, dass niemand weiß, dass ich auf die Schule scheiß!
- Alle reden von der Schule, aber keiner tut was dagegen.
- Babys sind wie Lehrer, sie glauben, alles zu bekommen, wenn sie nur laut genug schreien!
- Die Schule ist wie eine Oase – nur Kamele finden hin!

- Ein Haus voll Lehrer macht das Leben schwerer!
- Je weniger man weiß, umso weniger muss man verlernen!
- Lasst den Lehrern keine Chance – verblüfft sie mit Wissen!
- Lehrer sind unbestechlich, die meisten nehmen noch nicht einmal Vernunft an!
- Lehrer sind Vorbilder, Vorbilder sind Bilder und Bilder hängt man auf!
- Lehrerglatze ist Waldsterben auf höherer Ebene!
- Lieber sechs Stunden Schule als gar keinen Schlaf!
- Schule ist wie ein Fleischwolf: Man dreht durch!
- Weg mit den Lehrern, freier Blick zur Tafel!
- Wenn alles schläft und einer spricht, den Zustand nennt man Unterricht!
- Wer Schule kennt und dann nicht rennt, wer sich nicht drückt, der ist verrückt!
- Wir fordern Freiheit für die Lehrer – gebt ihnen mehr Ferien!

STILBLÜTEN IM UNTERRICHT

Passen Sie auf, was Sie im Unterricht sagen! Es ist tatsächlich seit Jahrhunderten Tradition unter den Schülern, die Worte ihres Lehrers auf die Goldwaage zu legen, sie zu dokumentieren und für die Ewigkeit festzuhalten, was in der heutigen Zeit bedeutet: Sie landen in den sozialen Medien. Dann ergeht es Ihnen wie dem Urvater aller Stilblüten produzierenden Lehrer. Er hieß Johann Georg August Galletti (1750–1828) und unterrichtete im 18. Jahrhundert an einem Gymnasium in Gotha. Ihm werden – zu Recht oder zu Unrecht – sprachliche Meisterwerke nachgesagt, die weniger der Bildung als der Unterhaltung seiner Schüler gedient haben dürften. Einige seiner Kathederblüten, die ihm vermutlich einen Platz in der Ewigkeit einbringen werden:

- Auf schwarzen Bergen sind schwarze Tiere schwarz.
- Das Schwein führt seinen Namen zu Recht, denn es ist ein sehr unreinliches Tier.
- Der afrikanische Löwe wächst bis zum zehnten Jahr, und von da an wird er immer größer.
- Der Kolibri ist der kleinste Vogel im Pflanzenreich.
- Der mathematische Punkt ist ein Winkel, dem man beide Schenkel ausgerissen hat.
- Der Tag hat 365 Stunden, und die Stunde 24 Minuten und davon nur sechs Stunden zur Schule.
- Die Faultiere leben im tropischen Südamerika und zeichnen sich dadurch aus, dass sie sich von jeder Tätigkeit mit Fleiß fernhalten.
- Die Kohlmeise ist von der Blaumeise dadurch zu unterscheiden, dass sie blau ist.
- Die Regierungen der Päpste waren nur kurz, obgleich immer der Sohn auf den Vater folgte.
- Die Wohlgerüche Persiens werden oft genannt, aber wenn man hinkommt, sieht man nichts davon.
- Es gibt viele, die nicht reden, wenn sie verstummen sollten, und andere, die nicht fragen, wenn sie geantwortet haben.

- In der Sahara liegt der Sand so locker, dass heute da Berge sind, wo morgen Täler waren.
- In Italien wachsen viele Pomeronen und Zitranzen.
- In Persien sind manche Berge so hoch, dass der Schnee nur auf Maultieren heruntergeschafft werden kann.
- Wenn man die Ausgaben des Staates betrachtet, so ist dieses das Staatsbarometer.
- Wer sich nicht über die Moral hinwegsetzen kann, der wird niemals ein ganz unmoralischer Schüler werden.

DER ALBTRAUM DES GYMNASIASTEN NIKO G.

Eigentlich hätte ich gleich zu Beginn meines Traumes meinen bösen Ahnungen folgen und in den rettenden Hafen des wachen Verstandes zurückkehren sollen, aber nun ist es zu spät. Zu tief bin ich verstrickt in das Gespinst aus Blut und kaltem Grauen, das sich meiner Seele und meines Körpers bemächtigt hat, als dass ich noch zurückkönnte.

Eigentlich hätten wir alle, die sieben Schüler des Gottlieb-Daimler-Gymnasiums in Stuttgart, hellhörig werden müssen, als wir zum Lehrerausflug eingeladen wurden. Leichte Hilfsarbeiten wurden uns angekündigt, doch der Hausmeister lächelte merkwürdig ... Dass wir zu Lustobjekten, ja zu hilflosen Opfern werden würden, wer hätte das geahnt?

Alles begann recht alltäglich. Wir hatten als Bedienstete Speisen aufzutragen, Flaschen und Gläser herbeizuschaffen, mussten Wein und Bier nachgießen. Doch schließlich wählten sie einen höllisch scharfen Schnaps, tranken ihn gleich flaschenweise, und ein Glimmen trat in ihre Augen, ein boshafter Zug erschien um ihren Mund, wie wir ihn sonst nur von Klassenarbeiten kannten. Vielleicht hätten wir noch fliehen können, als Dr. Hundsmann die ersten beiden von uns an die Säulen fesselte ... Doch wir blieben, hilflos wie das Kaninchen vor der Schlange, gelähmt vor lauter Schrecken.

Nun ist es Mitternacht, und das Grauen regiert. Sieben splitternackte Schüler sind an die Säulen der von sieben Fackeln erhellten Halle gefesselt und winden sich unter den Hieben von sieben unbarmherzigen Rohrstöcken, von sieben starken Lehrerarmen geführt.

»Disziplin!«, kreischt der Rektor mit teuflischem Grinsen zu jedem der sieben Schläge. »Selbstzucht! Mannesehre! Entsagung! Gehorsam! Eifer! Leistung!« Dann lacht er bodenlos böse auf, und der abgrundtiefe Bass des Mathelehrers dröhnt durch das Gewölbe. »Genug! Bringt jetzt den Kessel mit den Herzen!« Mit einem Krachen fliegt die Flügeltür auf und in langen, blutüberströmten Schürzen treten Frau Jellenbach und Frau Dr. Golz ein, gewandet in nietenbeschlagene Lederroben, einen riesigen, dampfenden Kupferkessel vor sich herschiebend, in dem Schülerherzen zucken, frische, heiße Schülerherzen!

»Das Eis!«, kommandiert der Direktor, und Herr Tonndorf, der Hausmeister, schiebt eine Stange Eis heran, das kalt ist, so kalt, dass ihm der Atem gefriert und die Luft an der eisigen

Oberfläche der Stange zu grauweißem Reif erstarrt. »Ja, kühlt sie!«, kreischt Frau Jellenbach. »Treibt ihnen dieses unverschämte, unerlaubte, unzüchtige Glühen aus, diese widerwärtige Lebensgier!« Mit weiten Schlägen seiner Richtaxt schlägt Tonndorf nun das Eis in Stücke, wirft die Stücke in den Kessel, wo es zischt und tödliche Schwaden aufsteigen. Ein letztes Zittern, und das letzte der Herzen erstirbt, wird nie wieder vor Lebenslust beben ...

Wieder schwingt die Flügeltür auf, und diesmal sind es Frau Dr. Girlitz und Herr Wonneck, die feierlichen Schrittes eintreten. Sie tragen blutbefleckte weiße Kittel und Kochmützen, und im Metall des großen Serviergefäßes, das auf einem Tablett über ihren Köpfen schwebt, flackern wild die Fackeln. Sie setzen ihre Last zu Füßen des Direktors ab, und Frau Dr. Girlitz hebt den Deckel, spricht mit feierlicher Stimme: »Voilà! Der gebratene Schüler!«

Horrorschauer laufen über die Rücken von uns armen Opfern, die wir noch immer an die Säulen gefesselt sind, und voller Schrecken sehe ich, wer dort auf dem Tablett liegt, fein paniert, mit Zwiebeln und Äpfeln angerichtet, einen besonders roten Apfel im Maul ... Ich! Ich selbst soll das Mahl dieser grauenvollen Lehrerbande sein. Als der Direktor das Messer wetzt und mich anschneiden will, schwinden mir die Sinne ...

»Los, Niko, aufstehen! Höchste Zeit!«, ruft meine Mutter von unten. »Du schreibst doch heute den Mathe-Test! Ich hoffe, du hast gut geschlafen ...«

Druck:
Customized Business Services GmbH
im Auftrag der
KNV Zeitfracht GmbH
Ein Unternehmen der Zeitfracht - Gruppe
Ferdinand-Jühlke-Str. 7
99095 Erfurt